The Book You Want Everyone You Love* To Read

* (and maybe a few you don't)

一本你希望所愛*之人讀過的書

*(或許還有所厭)

Philippa Perry

菲莉帕・派瑞——著　張馨方——譯

謹將本書獻給所有鼓足勇氣投稿寫信至《觀察》雜誌給我的讀者

目錄

序

我擔任心理治療師多年，始終認爲同業傾向關起門來空談學理的這種行爲令人遺憾。我熱切希望這些原則能發揮效用，實際帶給人們幫助。我從讀者們來信訴說的困境與問題清楚瞭解到，關於如何過生活這件事人們想知道些什麼，並且試圖提供一些答案。因此，我一直努力將這些觀念與想法介紹給更廣大的人群，也在著作中致力透過簡單易懂的段落與文字分享這些知識，希望讓更多人從中獲益。

這本書集結了這些年我向寫信來求助的讀者們提供的解方，這些答案從我擔任治療師與答問專欄作家的工作、舉辦的多場座談與活動及日常生活的人際互動蒐集而來。我好愛你們提出的問題，因爲從這些問題中，我認知到人與人之間的隔閡。雖然每個人都是獨特的個體，而讀者們提出的問題通常十分具體而明確，但我發現，這些差距之中存在著一些模式與共通點，而我們可以運用一些普遍的常識與技巧來應對。每個問題都讓我學到了一些事情，而或許我給的答案，偶爾也有幫助你經歷了某些豁然開朗的時刻。

小時候，我們都會發展出某些信念與適應行爲來解決自己在幼時環境中遇到的問題。通常，我們甚至不會意識到自己正根據這些體系行事、根據幼時看待這個世界的方式做決定與對待他人。隨著年紀增長、認識了新朋友與經歷了更多事情，這些信念體系與回應有可能不再像我們年幼時那樣管用了，反倒讓我們深陷於舊有的思想與行爲模式之中。我希望這本書能幫助各位瞭解自己在生命早期所發展出的適應行爲與信念體系，並且更清楚意識到自己都利用它們來解決什麼問題、以及如今它們需要調整的地方。發展自我意識，就好比知道自己處於地圖上哪個位置一樣：如果你不知道自己的起點，就無法得知如何才能抵達目的地。我們必須瞭解自己如何與這個世界互動、在什麼情況下會發怒、如何假設他人的立場，以及如何與自我對話，因爲在我們弄清楚自己的行爲及行爲模式之前，我們不會知道哪裡需要改變。

人們第一次來向我尋求治療時，往往都只想討論別人的問題。我告訴他們，我們無法改變其他人，但能夠控制自己。許多人都不明白自己擁有這種力量：我們可以改變應對的方式。我們可以調整自己看待事情輕重緩急的標準，改變自己的信念與習慣採取的回應。改變需要時間，新的習慣也不是一夕之間就能養成。然而，我們可以嘗試改變，瞭解自己掌握生活的力量其實遠比你所知道的還要強大。尤其是，我們有能力控制自己的想法，以及要它往哪個方向去。即使在最脆弱無助的時候，我們依然有能力選擇如何思考、如何組織自己的身體，以及如何與他人建立連結。這裡說的「組織身體」，指的是知道自己的身體哪裡緊繃，哪裡鬆陷。假如你將注意力集中在下巴，感覺到那裡的肌肉是放鬆還是緊繃？如果你將注意力轉移到呼吸上，吸入與呼出空氣的力道是深還淺？

有時我們會問自己錯的問題。我們永遠在問「爲什麼」，因爲人類是創造意義的生物，而且渴望敘事。「爲什麼誰誰誰跟我分手？」、「爲什麼我的孩子愛搗蛋？」、「爲什麼我這麼不快樂？」滿滿的情緒全都裝載於**為什麼**的問題裡，因爲我們喜歡說故事、喜歡解釋事情的源由。但是，問自己**為什麼**往往都不太管用；解決問題的關鍵通常都在於**如何**。我關注的是，你如何讓自己產生此時此刻的感覺，也就是你如何去愛、去爭論、做出改變與獲得滿足。這正是本書架構以「如何」爲題區分爲四大部分的原因。本書針對這四點分別進行探討，人們總認爲它們個別存在，但其實它們互有關聯。

心理治療的工作讓我認識到，每個人都有各自的成長方式和宇宙，在那個世界裡，他們可以盡情做自己，可以嘗試變成各種**可能**的面貌（可能相對於某人或自己本身），瞭解自己**應該**成爲什麼樣的人。因此，我採用的方法與這些原則一致。我對好建議的定義是：讓對方親口說出自己一直都知道、卻沒有說出口的事。沒有人永遠是對的，我也是如此。如果你遇到有人認爲自己永遠都是對的，就應該有所警惕，因爲那種人會透過某種方式使我們也變成同類，而當情況演變成那樣時，並不是件好事。

如果我必須給你一項起頭的建議，那會是資深的心理勵志作家蘇珊・傑佛斯（Susan Jeffers）所說的：「原本的你就夠好了，你是一個有強大力量與充滿愛的人類，一路走來的每一步都在學習與成長。」換句話說，此時此刻的你就足夠了。生活順利的時候，我們可能沒有意識到，而知道這一點是有幫助的。我們可能會讓自己受罪，這種情況很常見。每個星期我都會聽到病患說「我不擅長人際關係這檔事」、「我是個糟糕的朋友」、「我不聰明」、「我太害羞」等等這種自我貶低的話。其實，我們不需要如此評斷自己。是的，人都會犯錯，但我們本身並不是自己犯下的錯誤。我們從錯誤中學習，這樣才能繼續嘗試並從新的錯誤中學習。我們對自己想要與需要的東西抱有幻想，而當我們實現夢想時，現實可能會讓我們意識到這個夢想是個錯誤，因此我們修正錯誤、習取教訓，然後繼續做出另一個決定，順利過了一段時間之後，又需要再做調整。如此一直到生命結束，而在那之前，我們可以不斷抱持希望、嘗試與實驗。假如我們畫地自限、戴上那頂隱喻性的黑帽、宣告定讞及譴責自我，不論對自己或他人都沒有好處。暫時不下定論，幾乎往往都是個好主意。我們有許多共通點，都是脆弱的人類，也都必須瞭解到，承認自己的弱點要比硬撐著虛張聲勢強得多。

最後，我希望你讀這本書是爲了享受其中的樂趣。這聽來或許微不足道，但享受生活應該是每個人的優先要務。除了過得開心之外，如果你在生活中找到共鳴，做起事來也得心應手（即使只有幾件事），那就很棒了。顯而易見地，這正是我希望藉由這本書達成的目的，不過，我是否能夠成功，就得由各位的經驗給出答案了。

1.

如何去愛

與他人及自我建立
穩固而有意義的連結

西方社會一直認爲獨立很重要。有關白手起家的企業家與「現代獨立女性」刻板印象的故事比比皆是。但我認爲，人從來都不是眞正地獨立：我們幾乎在每一個生活面向都依賴著他人，從收成糧食、販售商品，到供應用水與建造房屋都是。相信世上有所謂完全的獨立，是錯誤的觀念。我們需要他人的陪伴，就如同我們需要他人供給飲用水——即使有些人一直試圖訓練自己擺脫這項需求。

身爲人類，我們與一些動物不同，出生時是尚未發展成熟的。我們在個人與最早接觸的照顧者之間的關係中發育與成長——自我意識、身分認同、需求與個人特質的形成，都建立在我們受照顧的方式之上。精神分析學家與小兒科醫師唐納德·溫尼考特（Donald Winnicott）指出：「寶寶不是單獨的個體，而是與母親共同存在。」這使我們成爲終生都需要有所連結，才能體會自己是廣大世界一分子的生物。這種連結通常在於人與人之間，但也可能存在於我們與某些想法、地方與物體之間。

回顧心理治療工作中遇到的個案，我發現不論他們的問題爲何，起因總是源自人際關係，像是過往的人際關係影響了他們的信念體系或與自我的連結，或是他們深陷於自己與他人之間的關係而無法自拔。我決定在本書的開頭先來談談我們如何與他人建立連結，因爲這件事是生活最重要的一部分。人們臨終時說，關係是他們生命中最重要的事，而這指的往往是人與人之間的關係。

由於人類是複雜的生物，加上每個人的文化背景都有些微差異（這裡指的是普遍的習慣、家庭動態、語言及處事方式等），因此發展出來的關係可能是微妙且棘手的。我們各自都有不同的信念體系與合作方式，應該要找到一種方法，讓自己在各種關係中如魚得水，也讓身邊的人如沐春風，但要做到這點當然不容易，而這正是本章希望幫助你達到的目標。

我們為何渴望連結

與他人有所連結的感受，是身爲人類的一部分。我們需要的連結，不只在於自我與他人之間，也在於自我與想法、物體及環境之間。我們希望獲得歸屬感，不論那種感覺是來自意義非凡的對話、等公車時與別人的閒聊、讀一本書或看電視的時刻。這正是我們對手機成癮的原因之一：它們帶給我們一種連結感，使大腦分泌少量的多巴胺（即「幸福」荷爾蒙）。

然而，倘若我們擁有的唯一一種連結是透過螢幕而來的，我們便有可能感到沮喪，因爲我們需要更主動地尋求連結，去影響別人，也讓自己受到別人的影響。假如我們與外界連結過少，心理健康就會受損。我們希望生命中遇到的人們能帶來快樂，也需要別人支持我們在當下對自己的看法，來肯定自我的身分認同。連結很重要，因爲我們在生命中遇到的人就像一面鏡子，能讓我們認清自己。別人給予的回應，則可作爲一種檢查與平衡系統，幫助我們維持健康的心理狀態。

儘管如此，過度連結也可能會帶來風險。如果你將過度連結的狀態想成像人的身體布滿了鉤子，也許就能明白爲什麼。假使我們身上一個對外的鉤子都沒有，就無法與任何人形成連結，進而感到孤立與寂寞。但是，如果我們身上的鉤子全都向外，我們會時時刻刻都與每個人及每件事有所關聯，而那些個別的連結便不再具有意義或重要性。如此一來，我們接觸了一個又一個的人與想法，費盡力氣希望與個人或單一想法形成有意義的連結。當你與每一件事物都有了連結，便會發現自己到最後將不再與任何事有所關聯。你我都曾遇過一些注意力渙散的人，而且會發現自己難以對上他們的頻率或與他們進行適當交流，因爲你總覺得他們沒有全神貫注。這種表現就是所謂的躁狂行為（manic behavior）。偶爾焦躁不安沒有關係（對某些人而言，這或許還可激發創造力），但這並不是一種可長期維持的狀態。

就跟面對許多事情一樣，我們應該從中取得平衡。如果我們身上有一些鉤子朝外，則可以將其中一部分轉向自己關心與在乎的人們，然後在這些關係當中尋求意義。我們可以利用空閒時間從事可帶來成就感的活動、對走入我們生活的新面孔抱持開放心態，並且花時間去評估他們的價值觀、瞭解其是否與我們的價值觀一致。與那些能讓我們正向看待自我的人們交往，是一件好事。即使他們質疑你的看法，也會透過令人愉悅的方式表達，並且給予支持。

在人類組成的任何團體——學校、工作場所、社群或大家庭——之中，子群體會自然而然地形成。這種現象沒有所謂好或壞，單純是

> **每日箴言**
>
> 每個人都需要歸屬感，這種連結可能存在於個體與家人、物品、團體或他人之間。人是需要連結的生物，如果否認這一點，便會引來風險。

正常的人類行爲罷了。當你與某個人或某一群人越走越近，便意味著子群體的形成，而當我們在團體中占有一席之地，便會產生認同與歸屬感。隨著團體的變動與發展，我們不只會根據周遭的人們來認識自己**是什麼樣的人**，也會根據自己與團體以外的人之間的對比來確定自己**不是什麼樣的人**。

這正是爲什麼作爲團體的一部分如此重要，以及當我們發現自己被排除在外時會感到難過的原因。有一位婦女來信求助，因爲她始終無法在關係中取得平衡，而且無法跟丈夫與孩子以外的人，以及丈夫的朋友們建立友誼。

我是一位三十二歲的媽媽，育有一個快樂的寶寶。我愛我的兒子，在產假期間也過得很好。我先生是個好男人，非常樂於作為一位父親。

我們有一些好友，但他們都是我先生的朋友。我有加入育兒群組，跟其他媽媽聊天，但就是不知道該如何真正的交朋友。我本來期待能在產前媽媽群組裡認識新朋友，但後來發現她們會搞小團體，讓人感覺像回到了求學時期。群組裡充滿了相互競爭比較的氣氛，而且我家的經濟能力有限，沒有那麼多錢可以買寶寶的配件飾品、參加親子活動和課程。有一次大家到群組其中一位媽媽的家裡烤肉，我到了之後發現是棟豪宅，頓時對自己還在租屋且房子又小的處境感到困窘。

過去常有人說他們不認識我，或者覺得可惜之前從來沒有機會認識我。念大學時，我把心力都放在課業上，很少跟朋友出去玩。現在，我擔心假如自己沒能融入媽媽群組，會影響到我的孩子，因為這麼一來他就沒辦法認識其他學步期的孩子，或與他們相約一起玩耍，我不希望錯過任何一個讓他感到幸福快樂的機會。

首先，這位婦女是有能力經營關係的，因爲她聽起來擁有兩段良好的關係：一是她與寶寶的關係，二是她與丈夫的關係。她在做的事情，是每個人都有可能時不時會犯的錯：爲自己的處境找藉口，因爲她發現，建立人際關係並不容易。別的媽媽有邀請她到家裡作客，但她依然覺得那些自然形成的群組與子群體在「搞小團體」，並認爲她們一定都抱有競爭心態。她只顧著分析別人的行爲，而沒有回頭檢討自己的行爲，替自己無力改善人際關係的處境找了藉口。然而，我們無法控制別人的行爲，但可以決定自己要怎麼做，因此我認爲，首先應該思考自己在問題中扮演著什麼角色。仔細想想，假如我們沒有加入團體，如何能解決眼前的處境？我們可以做什麼，讓自己既不會自視甚高、又不會自覺低人一等，而不願成爲團體的一分子？

說眞的，我不覺得這位婦女想認識新朋友。她對既有的連結感到滿足，而此刻的問題是，她之所以想交朋友，是爲了兒子著想，而不是爲了自己。每個人需要的關係沒有一定的數量，有些人擁有幾個知心好友便心滿意足，而這位婦女就是這樣的人。我不知道，假如一個人的出發點不是爲自己尋求快樂與親密感，有沒有可能建立眞正的連結。

若想建立人際關係，我們必須鼓起勇氣敞開心胸，分享自己的弱點，並在他人這麼做的同時伸出援手。若想眞正瞭解一個人以及被對方所瞭解，我們並不需要始終維持不變。我們不需要總是抱持相同的感受或冷漠以對，不需要貼上相同的標籤，甚至不需要秉持相同的看法。但是，我們必須願意展現弱點，願意與他人分享自身經驗，以及自己的世界、回應、感受與想法；我們也必須願意對他人的影響保持開放。重點在於試圖理解他人的感受、爲他人著想，並且得到同樣的回報。

若想與他人建立眞摯的關係，我們不能成爲自認**應該**成爲，或對方**希望**我們成爲的人，而是應該做**真正的**自己。如果我們總是因爲顧慮他人的感受而不敢做自己，就永遠沒有機會讓自己爲別人所理解。我們如果想得到他人的理解，就必須展現自我；要是我們躲起來，就永遠無法做到這一點。阻礙連結的因素，經常是對自我形象的焦慮。若想避免這種焦慮的產生，可以試著專注在認識新朋友這件事上，也就是說，將注意力從自我意識轉移到對他人的好奇。若能努力這麼做，就能更輕鬆地享受交友的美好，而不是被人際關係所消耗。

增進智慧與擴展人脈的方法之一，是專注於當下的對話，在對話過程中解決問題，而不是每次開口說話前都顧慮再三。意思是，不要像拿篩子那樣地過濾自己的所有想法：告訴對方「我想瞭解你」，或者坦白說出自己心中的驚人想法，不用管這些話會引發什麼感受。你可以在人際關係中理清自己的感受，而不是總在上演內心戲。心裡想什麼，就說什麼。練習做自己，學習接受那種不知道別人將作何反應的不確定性。勇於分享。你會問，這是一套絕對不敗的公式嗎？不，這是有風險的，但值得你放膽一試。倘若我們與別人的關係只存在自己的想像中，只能假設他們的回應，那就不能算是真正與他們建立關係。這位向我求助的當事人提到那些媽媽在搞小團體或互相比較時，所理解的並不是那些媽媽，而是她們在她想像中的樣子。這不是建立連結的方式。

如果你確實展現了真實的自我，卻仍難以獲得歸屬感，或許就應該到別處尋找跟自己志同道合的人。回想當初在倫敦，我的生活如魚得水，加入了好多團體，其中一些是正式團體，譬如唱詩班，另一些則屬非正式性質，譬如好幾個朋友圈。我記得自己在搬來現在居住的地方之前茫然無措，經常感覺自己是局外人。我想，這是因爲我還沒有遇到合拍的人。從小鎭搬到大城市，就能在新環境中認識投緣的人，這種刻板印象有其道理，因爲如果能遇到更多人，就更有機會遇到志同道合者，並且與他們發展友誼關係。我之所以還沒找到合得來的朋友，或許是因爲我也還沒有眞正認清自我。如果你不瞭解自我，就無法眞正做自己。而若想認清自己，最好的方法之一就是主動與別人攀談。

關係有時令人受挫

這些年來，各方讀者來信訴說生活中遇到的難題，像是伴侶總自以爲是、朋友之間產生疙瘩、成年後仍受父母控制、公司主管對他們的意見充耳不聞，還有一些人會透過各種小動作霸凌他們、打擊他們的信心，直到他們無地自容爲止。有時，我們會畏縮不前，因爲人際關係實在太難了。

我想起有位女性讀者在疫情趨緩政府宣布解封後來信表示，經歷一段時間的隔離，她難以重新融入人群。

與世隔絕了二十個月後，我現在才有辦法重新回到社會。由於擔心會有併發症，我一直到最近才接種疫苗，而且我因為害怕感染新冠肺炎，一直過著完全封閉的生活。封城期間，我一度因為嚴重感染而差點喪命，幸好後來順利度過難關，但這也讓我意識到，自己是多麼地孤單和脆弱。

除此之外，我還被公司裁員。我到處投履歷和參加面試。當然了，我屢屢遭拒，有時就算對方沒有拒絕我，也質疑我的工作能力，並壓低待遇。

原本以為穩固牢靠的友誼，也讓我感到非常失望。我因為失業而無法為同事和朋友提供任何幫助，結果他們紛紛棄我而去。我生活全靠自己，人際關係變得毫無意義。

現年三十九歲的我已經放棄戀愛，也沒有尋覓伴侶共組家庭的想法。男人總在第一次約會時就想知道你對他們是否具有吸引力，但我需要更多時間摸索。那感覺就好像感情的培養一點也不重要。所以，我不追求認真的感情，就只是回回約會簡訊，時不時跟約會對象聊天打屁，或者完全不帶期待地跟某人約會。

通往世界的大門現在也許已經敞開，但我還在努力跨出那一步。

孤立與寂寞使我們對他人小心翼翼、疑東疑西。如果某件事發生了一、兩次，我們就會將它視爲一種模式，開始退縮以保護自己，免得它再度發生。我們開始害怕展現脆弱的一面，免得遭人進一步拒絕。人類是群體生活的動物，如果將這種動物與其群體隔絕，之後再重新引入，牠不會主動回到群體的中心，而是在邊緣逗留，不冒險行動，並保持相對孤立的狀態。這項實驗也曾以老鼠與果蠅作爲對象。就天性而言，我不認爲人類與牠們有多大的差異。

每個人都有可能經歷一些糟糕的約會或朋友聚會，遇到這種情況時，我們會自然認爲這是一種模式，認爲之後的所有經驗都將類似如此，進而證明人有黑暗面，人際關係毫無意義。我們會替自己找一些貌似合理的藉口，就像前面提到的那位指證歷歷的媽媽一樣。經歷一段時間的孤立後，如果我們將推論得出的結果當作順應本性的理由而不願認識新朋友，便可能會使推論的能力成了自己的敵人。

面對恐懼與懷疑，我們可以做兩件事：任由這些感受控制你，並且隱藏自我；

或者面對恐懼，勇敢走入人群。假使我們躲起來不接觸人群，只會加深心中的恐懼，但如果我們接納這些感受，大膽採取行動，它們就會在我們建立關係與投入其中的同時漸漸消退，即使我們不認為自己做得到。

有時候，我們會產生「要麼全有，要麼全都沒有」的錯誤想法。我們會對自己說：「沒有任何一個人會在乎別人」、「每個人都只為自己著想」、「友誼毫無意義可言」。這些話都有一個共通點，那就是完全不考慮例外的可能性。它們聲稱生命不是一分就是十分，使我們沒有機會去體驗其他始終存在的可能性。若想在第一時間察覺這種「要麼全有，要麼全都沒有」的有害想法，有個好方法是：注意自己是否有把「所有」、「每個人」、「百分之百」、「沒有人」、「絕對不會」等詞彙掛在嘴邊——你在述說的可能是一種幻想、一套理論或一種常見的信念，而這需要受到挑戰或有所改變。如先前所述，我在這裡要再次強調：不要誤將習以為常的想法視為眞相。

相反地，我們可能會有不同的幻想。我們可能會說：「每個人都具有魅力、聰明才智，而且對我備感興趣。」當然這不是眞的，但我總說，如果要做夢，就做個美夢。你訓練自己相信哪一種幻想，將會影響你與他人相處時所散發的能量，以及他們與你相處時會注意到的特質。你對他人假設的任何看法，都有可能成爲自我應驗的預言。如果你參加聚會時抱持「沒有人喜歡我、沒人想跟我聊天、人際關係毫無意義」這種心態，所呈現的肢體語言便會透露這種感覺，身上也會散發這種氛圍。這麼一來，你或許就會待在角落，避免與人眼神接觸，聊天時也總是有所提防。然而，假設你心裡想的是：「大家都是幽默風趣的人，也很高興見到我，我是個有趣、有價值且有吸引力的人。我想跟別人聊聊自己的想法，也想瞭解他們的想法」，那麼你所呈現的表情與肢體語言、與別人的眼神接觸及全身散發的氛圍就會有所不同。這種心態會讓你變得更容易親近、更友善，也更能夠與人交流。

我們的挑戰，不要對多數人的良善本性失去信心。不是每個人都是壞人，有些人值得深交，能帶給我們許多樂趣。有時我們會習慣只在腦袋裡想像與別人建立關係是什麼樣子，從

每日箴言

我們會忍不住設想他人對我們抱持什麼樣的態度，但我總說，如果要做夢，就做個美夢。這麼做或許不會改變任何事，但是能夠平緩你的情緒。

最壞的角度去揣想他們的動機、想法與感受。我們從未在現實生活中實際與他們交往，因此，我們成了迫害自己的兇手，然後把責任推給別人。相信每個人都做過這種事。其實，我們有能力阻止自己一錯再錯。你可以試著從正面樂觀的角度設想他人，慢慢擴展自身舒適圈，以恢復狀態與降低焦慮感。人類有一個優點勝過果蠅，那就是我們能認清自己的直覺、理解它們，並加以掌控。我們可以把理智擺在第一位，而不是跟著直覺走。

我迫不及待地想看到信念體系的改變，而其中的訣竅在於，當你對某個人或某群人有所幻想時，要明確意識到自己正在這麼做。當你專挑對自己有利的證據，而不是綜觀事情的全貌，並且出現了「要麼全有，要麼全都沒有」的想法時，就是在幻想。若你能將自己對他人的負面設想轉變爲正面看法，所呈現的樣子也會跟著改變，這會大大扭轉你的生活。我本身做到了這一點，我的個案也做到了，而這或許正是我如此熱衷提倡這件事的原因。只要將腦袋裡的想法從「大家都好可怕」轉變成「每個人都親切友善」，就有可能爲生活帶來意義非凡的影響。你可能會發現這麼做很容易，或是得鼓足勇氣才能打開這個開關。你會需要將注意力轉向種子會發芽的希望與證據（但是，如果你不播下種子，就永遠不可能成眞）。

現在，請跟著我說一次：「每個人都是有趣而富有魅力的，你我都是，我們都非常高興能夠認識彼此。」倘若你一直以來都有「沒有人值得我這麼做」的這種想法，便需要多花時間練習。是時候該提升自我，邁向下一個自我實現的預言了。我們只活這麼一次（這是顯而易見的事實），不要當一隻果蠅。

如何形成連結

此刻我們形成連結的方式，往往受到過去我們如何被愛所影響。我們在尋覓的伴侶，是能讓我們感受幼時在照顧者身旁所感受到的那份情感的對象。有時人們會說，愛情讓人感覺像「回家」，像是找回了熟悉的感覺一樣，而這樣的熟悉感早在我們懂得用言語來解釋之前就已存在。透過這種方式找回熟悉感會有一個問題，那就是這讓人感到無比美好。當我們因爲遇到了某人而產生了這種感受，那感覺就像火花般燦爛而難忘，因爲我們將看似美妙的化學反應與熟悉感搞混了。下面這位來信訴說感情問題的男性讀者就是如此。

剛交往的那三年，我深愛著前男友。從他向我求婚之後，我們的關係就開始出現一些問題。我感覺我們之間的感情斷了，於是提議一起去做感情諮商。結果沒有幫助，但他在會談中說了一些話，至今我回想起來仍覺得滿有道理。例如，他說我們的關係就像一個愛抱怨的孩子，讓他想逃離。隨著他越來越疏遠，這段關係的惡化也讓我更心煩意亂。

我們的婚禮計畫停滯不前。壓垮我的最後一根稻草，是他跟朋友精心安排了一個假期，卻沒有徵詢我的意見，也沒有邀請我同去。我感到心灰意冷，某天他羞辱我之後，我氣憤地對他說要結束這段關係。冷靜之後，我試圖挽回，但他鐵了心不理我。從那之後，我就再也沒見過他了。

如今，我在生活與工作方面都過得很好，但心中的悲傷仍揮之不去，我也擔心自己未來會一直眷戀著這段感情。我需要他伸出援手，想聽到他說想念我們的友誼。在那之後，我也與別人交往過，但我總覺得自己永遠無法徹底擺脫情傷，永遠無法好好過生活。

我猜，這位讀者的前男友屬於心理治療領域所稱的「逃避型依附人格」。這意味著，他不喜歡與人過於親密，他或許認爲自己與他人建立了親密關係，但事實上並非如此。逃避型依附人格者往往會在自己對一段關係許下越來越多承諾時產生逃避的傾向，即使當初是他們自願這麼做。人若在嬰兒時期透過經驗習得自己無法從別人身上獲得安撫，便會發展出這類人格。他們解決這個問題的方式，是下意識地斷定自己永遠不需要任何人。這種在生命初期幫助我們解決問題的防衛機制，會在我們面對新的情況時成爲阻礙、使我們躊躇不前，因爲自我保護機制可能會演變成自毀的行爲。我認爲，這位讀者的前男友發覺，人對連結的需求，某種程度上令他恐懼且／或反感。

另一方面，這位來信求助的男性讀者則可能屬於治療師所謂的「不安全依附人格」。這種人在成長過程中感受到的主要情緒之一是渴望，他們在幼時渴望獲得父親或母親的注意，長大後誤將渴望當成了愛情。這種認知讓人感覺美好，因爲它會帶來熟悉感：幼時的照顧者在他們身上激發的渴望可能大於安全感。或許說來牽強，但是從學步幼兒對父母的依賴就可看出端倪。他們是那麼地黏人、不顧一切與渴望，而這些情緒都是眞實存在的。不安全依附人格者的內心始終住著一個迫切渴望關注的嬰兒，有時還會因爲得到間歇性的短暫擁抱而欣喜若狂，這種感受加深了渴望，使他們更加需索無度。

這類型的人通常會受到逃避型人格所吸引。不安全依附人格者相當容易產生渴望，倘若遇到許下了承諾卻又反悔的戀人，就有可能發作。如果我們從來沒有機會導正自己與最早接觸的照顧者之間的相處模式，便感覺像沒能完成某件事那樣地存有缺憾，因此我們會傾向尋找那種總能激發自身渴望的伴侶，盼望這次可以順利導正關係，就此了結那件未完成的事。這種對象往往是條件好、但總是心不在焉的伴侶。對不安全依附人格者來說，愛情令人上癮的地方在於快感，而這種情緒全是與失落感對比而來。

我們必須瞭解，沒人能夠選擇自己的依附類型——連結的形成是一種無意識的過程。此外，也沒有人會永遠都屬於同一種依附類型，若你意識到自己具有某種依附人格，可以選擇不要任其擺布。我相信那位男性讀者及他的同類都有機會擺脫這種不健康的依附關係。如果你心有戚戚焉，不妨回想一下自己幼時與照顧者——或應該扶養你卻沒有負起責任的人——之間的依附關係，思考現階段的人際關係如何觸動你的過往情緒。小時候的你是否費盡力氣才能得到爸爸或媽媽的

每日箴言

> 我們經常誤將習以為常的想法視為真相。我們會習慣以某些方式去思考或感受，但不代表這些方式就是對的。

肯定？求學時你是不是一直都渴望被仰慕的師長稱讚？你是否一再地愛上與自己相隔兩地，或已經有另一半的對象？

如果你發覺自己總在感情裡單方面得不到回報，請你仔細思考自己的渴望。陷入愛河時，你就是自己的渴望，你所渴望的就是自己。試著退一步從客觀角度來看待自身處境。若想繼續前進，你需要認清，你喜歡的類型不是適合你的類型。適合你的不是那種讓人心情如坐雲霄飛車般忽起忽落的對象，而是穩定可靠且會給予回應的對象，也就是所謂的「安全型依附」人格者。這樣的關係不會是一見鍾情的愛情，因爲他們不會像逃避型人格者那樣令你感到熟悉，但是能讓你覺得可靠。與這種人交往，你不會經歷與不安全依附人格者交往時所感受到的狂喜與失落，而是隨著彼此越來越熟悉，逐漸產生一種更穩定的愉悅感，這種感受建立在互相陪伴所帶來的滿足，而不是反覆無常、不斷加深渴望的強烈刺激。

兩種不同的交友方式

說到如何建立與維持人際連結、從生命中的過客身上得到什麼恩惠、應該如何與他們相處，以及何謂可接受與不可接受、忠誠與不忠，每個人都有各自的傾向、習慣與觀念，而且互有不同。如果我們假設別人的生活方式跟我們一樣，這可能只是我們的臆測與期待，而傷害我們的正是這種想法，而不是別人的刻意拒絕。

我收到許多讀者來信傾訴的問題是，他們跟朋友原本很要好，但之後其中一方似乎開始疏離另一方，於是友誼漸漸淡了。下面這封電子郵件就是一例，寄信人是一位女性，她詳細描述了朋友搬到美國後兩人友誼的變化。

> 我和我認為最好的朋友失去了聯繫。我們是在求學時認識的，她從家鄉來到這個國家當一年的交換學生。在長達十年的期間裡，她是我在這個世界上最重視的人，我們彼此分享了許多心事。
>
> 大約五年前，她決定去美國工作，臨行前來拜訪我，那次相聚非常開心。我們開始在各自的國家工作和生活後，一直很難保持聯絡，但我始終相信她在地球另一

端的日子會讓我們有更多話題可聊。

她從美國寫了一張明信片給我，我也一直請她的父母給我地址好寫信給她，因為她的電子郵件地址已經失效。但是，我一直沒有收到他們的回音。我在社群媒體上得知（共同好友是她哥哥，因為她不常更新動態），她已經和當初跟她一起去美國的男朋友結婚、回到祖國定居，而且生了一個孩子。

這是人生大事，但她似乎根本沒有想到要通知我，讓我非常傷心。我寫了一封信，想告訴她我的感受（我打算寄到她父母家，他們的地址我至今仍倒背如流）。我一直猶豫要不要寄出，深怕她不回信，或是向我坦承一些可怕的實情。我應該寄出這封信嗎？

關於友誼，人們的傾向各不相同。有些人長大後依然與小學時期的玩伴非常要好，有些人——儘管如果在路上巧遇舊識，也可能會很開心——則傾向與目前在生活中經常來往的人建立更密切的連結。這兩種傾向沒有哪一個比較好或比較壞，或者哪一個比較合乎道德、哪一個則否，純粹是兩種自然形成的不同生活方式。

如果你天生就擅長經營遠距離的友誼關係（如同上面那位女性讀者），也許會因爲朋友搬到異地生活且失去了聯繫而感到挫折與受傷。倘若你遇過這種情況，代表你與朋友之間的感情存有一些傷痛或誤解。而假如你不知道問題出在哪裡，可能會認爲對方殘酷無情，或者以爲自己做了什麼不討喜的事。然而，同樣有可能的是，你們雙方就只是交友模式不同罷了。如果你的朋友傾向與新知而非舊雨來往，便有可能無法理解你爲什麼會因爲雙方久未連絡而覺得難過。原因在於，他們對普通友情的假設與你並不相同。

也有一些人原本與朋友非常要好，之後認識了另一個眞正重要的對象、找到了眞愛，而原本眞摯的友誼顯得像是他們爲了迎接一段成熟的親密關係所做的彩排。這裡我要再次強調，如果你與朋友雙方都是如此便無妨，但如果其中一方認爲彼此的友誼終生不渝，而另一方認爲愛情勝過這段友情，就會造成傷害。倘若你執著於成爲某個人一生中最重要的人，可能會帶給對方過多的壓力。生活時刻都在變動，人們的優先考量也會隨之變化。

尤其當我們有了年紀，可能會漸漸覺得出門是件累人的事；我們會開始有一套固定的生活方式，看法也會不如以往來得彈性。年輕時，我們精力旺盛，樂意嘗試新事物與認識新朋友。上了年紀後，你的習慣與個性已經成型，或許會覺得交友這件事比以前來得複雜。生活中充滿了許多交友機會，而每個人都處於不同的心理狀態，對友誼抱持的態度不同，希望從中獲得的東西也不同。我會認爲，年紀較長的人比較難以形成強烈的依附關係，年紀輕的人則比較有可能與朋友一同成長。但是，這是說不準的。

完美的迷思

作家娜歐蜜・埃德曼（Naomi Alderman）指出，擁有伴侶的重點在於爲自己的生活找一個見證人。雖然許多人沒有另一半也能擁有快樂與成功的生活，但有人相伴度日是一種截然不同的經驗。身爲多年的單親媽媽與《醉餓遊戲》（*The Hungover Games*）作者的蘇菲・希伍德（Sophie Heawood）曾告訴我，她直到近幾年才明白，擁有另一半的意義，除了在於自己與伴侶共組的家庭生活，也在於自己在家庭以外的生活。她解釋，伴侶關係大大提升了她在社會上的經歷，因爲她知道無論如何，家裡都有一個人深愛著她。她說：「感覺就像過了好多年總是輕易被各種感受淋濕全身、狼狽不堪的生活後，穿上防水外套般安心而舒適。」

有不計其數的研究探討了長期關係帶來的健康、幸福與成本，如果你上網搜尋瀏覽，可以花上好幾個小時。對我來說，擁有另一半的原因之一，在於與一個能夠接受眞正的我，而且無論如何都深愛我的人建立一段互相扶持的對等關係。在這樣的環境下，人很容易就能有所成長，擁有更多勇氣、變得更加寬容，也能給予更多的愛，不只對另一半，對生命中遇到的每個人都是如此。我會將另一半比喻爲精美蛋糕上的甜蜜糖霜，也就是說，如果你覺得蛋糕沒有糖霜也很美味，那麼沒有另一半也沒關係。

在我收到的信件之中，最多人提出的問題是如何找到完美的伴侶，尤其在網路約會盛行的現代。以下舉其中一位掙扎萬分且徬徨失措的男性讀者爲例。

我有過幾段短暫的戀情，與很多對象約會過，也曾經歷一段長期的戀情（距離現在已有一陣子），但就在我與那個對象打算結婚的前一天，她甩了我。我投入很多心力在網路約會上，但壓倒我的最後一根稻草是，我在六個月內傳給四十七位女性文情並茂的訊息，卻沒有收到任何正面回覆。我今年五十多歲，身材苗條、體格健壯，個子高䠷，長相普普通通，能言善道、幽默機智。

除了網路約會之外，我還加入了一個地區性的社交團體，透過聚會與出遊認識朋友。我不喜歡年紀太大、身材太瘦或太胖的對象，也不喜歡那些在感情中「百依百順」的女人，屏除這些條件後，剩下的對象少之又少。

最近，我和聊天很久的一個對象約會，卻突然莫名畫下了句點。這帶給我很大的打擊。我們只進展到擁抱，但這提醒了我，我冷清的生活中缺少了什麼。

我徹底推翻了「每個人都有命中注定的那個人」這句話。對我來說顯然不是如此。考慮到屢次失敗會損害我的自尊與心理健康，我應該就此放棄、孤獨終老，還是應該繼續努力，希望有天能遇到特別的她呢？

我發現人們會犯的一個錯誤是對網路約會抱持著購物的心態：拿起手機滑滑螢幕就想找到完美的對象，彷彿在尋覓合適的牛仔褲一樣。對此我必須遺憾地說，完美的對象不在手機裡。我給上面那位男性讀者的建議是，試著敞開心胸擁抱更多未知，學著不對別人是怎麼樣的人及兩人是否合得來妄下斷論。暫時放下評斷的欲望（這種愛品頭論足的氣質數公里外就嗅得到）。盡量避免以社會價值觀去評斷一個人，再說了，你喜歡的類型不見得適合你。

在網路約會蔚爲風潮的現代，人們很難做出承諾，因爲有無限多的對象可選擇。我們對某件事下定論（英文作 decide）的同時，也終結了某件事（cide 出自拉丁文 caedere，意指扼殺或去除），而對某人許下承諾，就代表切斷了其他選擇的可能性。希望享有各種可能是人的天性，但擁有一段有益成長的關係，意味著揮別與其他對象的可能性。本質上，人都不想做出錯誤的決定，但這種對錯誤的恐懼會讓人遲遲不敢採取行動。

每日箴言

有時人會為了避免犯錯而不做決定，但這個選擇依然會造成後果。

心理學家貝瑞・史瓦茲（Barry Schwartz）做了實驗，研究選擇的多寡對人們如何看待自己的決定造成了什麼影響。結果顯示，有六種巧克力可選擇的那組受試者快速做了決定，並對自己的選擇感到滿意；至於在有一百種巧克力可選的那一組中，多數人並未選擇有可能符合自己胃口的第一種巧克力，而是猶豫再三才打定主意，而且他們對自身選擇的滿意度低於只有六種選擇的另一組人。史瓦茲也發現，人通常可以分爲追求極致者（maximiser）與容易滿足者（satisficer，結合

satisfied與suffice二字，意指「夠好」）這兩種。前者不斷追求完美，後者的處事態度則為「那樣就夠了」。猜猜整體而言哪一種人比較快樂？沒錯，答案是容易滿足的人。擔心之後會有更好的選擇，因而遲遲不願做決定的心態，是很正常的。然而，我們做出的選擇之所以能帶來最大的滿足感，正是因為承諾本身，這個因素就跟我們選定的令人滿意的對象一樣重要。相反地，追求極致的傾向會導致自我破壞，而非帶來助益。

如果你約會時抱著非要找到完美對象的心態，我會鼓勵你在一開始就找個接近理想型的對象定下來。試著把愛情視為需要主動去尋找的一種連結，而不是被動陷入的關係。不要單純從選擇的角度來看待愛情，而是同時也展現自我、讓別人有選擇你的機會。你也需要嘗試接納這樣的未知性。不要投入過多心力，以輕鬆的心情面對約會與出遊，不要將約會當成面試或一項任務。保持開放心胸、做自己，最重要的是樂在其中。

我收到一位在管理顧問公司從事兼職工作、同時攻讀碩士學位的二十四歲會計的來信。他告訴我：

新冠肺炎疫情爆發後，我單身了一年，最近在交友軟體上認識了一位女性。她和我年齡相仿，我們已經約會了兩個月。她很有魅力，人也很好，跟她在一起很開心，因為她總能逗我笑。

不過，我察覺到一個警訊。雖然她二十多歲了，但仍與家人同住，而且似乎沒有打算搬出去獨立生活。除此之外，儘管她有一份兼職工作，但並沒有幫忙分擔家計。我知道現在房租很貴，大家與父母住在一起的時間越來越長，但她連上大學或追求更好的職涯發展的計畫都沒有。她把大部分收入都花在朋友聚會、度假和與趣上。

我的朋友和家人都說她揮霍無度，假如我們同居，她會把我的錢通通花光，因為她的生活態度一直以來都不像個成年人，從未規劃生活開支或認真看待帳單，他們認為我應該甩了她。我能理解他們的看法，但我和她交往得很愉快。我不知道該怎麼做。您有什麼建議嗎？

我想他的處境能引起許多人的共鳴：你或許也曾遇過一個相處起來非常愉快、但不確自己是否願意共度餘生的對象。社會往往使人不得不參與一場遊戲，讓人承受著到了某個年齡就應該達成某些目標的壓力。如今，這對許多人來說或許是最好的生活方式，但並不是我們實現自我的唯一有效途徑。我們可以盡情享受眼前的生活，而不是時時刻刻掛慮未來與某人交往或分手的可能性。這種對於什麼事可能會發生或不會發生、我們可能想要或不想要什麼、別人想要或不想要什麼的幻想，對我們的人生並不公平，卻又如此容易引人深陷其中。

如果你的朋友與家人正對你的選擇感到不解，我希望你能瞭解，當親近的人對你提出質疑時，不妨好好傾聽並認真對待，此外對象的契合性固然重要，但若此刻你選擇開開心心過生活，那也很好。耐心等待事物自然發展，觀察它們演變成什麼模樣。

我們必須謹記一點：前途或外表不是一個人的全部。人是有靈魂的。讓自己快樂、知道如何培養興趣與認識朋友，以及懂得建立人際關係等，都是值得讚賞的能力。我們喜歡做的事情代表了我們，其意義更甚於我們的條件。光憑一個人的樣子，並無法知道他或她是什麼樣的人，或者將爲我們的生活帶來什麼影響。然而，我們可以從彼此的相處過程中判斷自己是否喜歡對方。因此，我會鼓勵你仔細感受與傾聽目前對你而言，什麼是眞實的，什麼是適合你的，而不是受到假設的未來所局限。

假如我們拒絕傾聽，一味堅持自己固有的想法，便可能走向困境。我想起了珍・奧斯汀（Jane Austen）所著的《勸服》（*Persuasion*）。書中的女主角安妮（Anne）順從她敬重的一位睿智明理的長輩所給的建議，解除了與一位前途未明的年輕紳士的婚約。（奧斯汀本人也曾被一位年輕男子追求，在父親的勸說下轉而選擇了較爲富有的對象。這段經歷或許對這部小說造成了影響。）《勸服》是一部引人入勝的警世故事，讓我們看到了，如果聽從違背自身心意的明智建議，會面臨什麼樣的後果。

迷戀與愛情不能畫上等號

我發現人們常犯的一個錯誤是，誤將迷戀當成了感情。對此，我認爲好萊塢必須負起一部分的責任，因爲他們不斷頌揚大眾在電影中看到的「墜入愛河」的比喻：讓人難以抗拒、神魂顚倒的那種愛情。這有可能發生在你身上，就跟這有可能發生在寶寶或學步幼兒身上一樣。孩子什麼都沒做，他們只是對渴望深感著迷而已。

下面這封電子郵件就是一個很好的例子，寄件人是一位在愛情中感覺彼此不再有「火花」的女性。

我和伴侶的年紀都是三十三歲。我們大約兩年前相識。他是一個善良又有魅力的人，打從交往之初，這段感情就讓人感到安心、輕鬆與自在，但沒有什麼甜蜜的火花，到現在依然如此。然而，我們越是瞭解彼此，感情就越來越好。他跟我之前的一些交往對象不同，敏感又聰明，始終如一地善良、體貼且慷慨，這些都是我非常欣賞，並且在有過許多負面交往經驗後十分珍惜的特質。

問題是，有一部分的我不確定他是不是對的人，我也不知道自己為什麼會有這種感覺。我想，應該是因為我希望能有一個會主動找話題或帶我一起冒險的對象。

我非常愛他，也很在乎他。我喜歡有他在身旁，也感覺自己備受疼愛；性生活也非常融洽。我們的感情似乎什麼都不缺，但我希望能在這段關係中感受到更多的新鮮感與激情。在過往的關係中，我感受到的激情與興奮可能源自於一種不健康的關係動態，因為我從來都不知道自己在交往對象的心目中占了什麼樣的地位。

因此，我不知道該怎麼辦，這讓我感到焦慮。我感覺自己每分每秒都在改變心意。我在乎他，不想傷害他，所以不想跟他討論這個問題。對他來說，我們的感情很棒，沒有什麼好挑剔的地方。

我們不確定自己在交往對象的心目中占了什麼樣的地位時，可能會單方面地迷戀對方，而當對方終於給予正面回應時，我們就會心花怒放，開心得不可自拔。另一方面，如果我們從對方身上所接收到的全是正面的回應，很容易就會視其爲理所當然。如我之前說的，你沒有失落的感覺，也就不會產生所謂的狂喜感。然而，你會穩定而緩慢地朝更持久的喜悅前進。

這些對這種令人亢奮不已的愛情上癮的讀者，往往讓我想起戒菸或戒酒的人。成癮者通常具有兩個部分：一是有自覺、知道這種東西有害的自我；另一個是衝動、不經思考的自我，不顧代價地渴望香菸、酒精、毒品，或是這個案例所討論的情人。他們知道這種東西對自己有壞處，會損害健康，但是當他們點燃另一根菸時，連吭都不吭一聲；他們沒有下任何決定就這麼做了。一個人如果對酒精上癮，心中想的是剛才喝的第一或第二杯酒滋味是多麼美好，因而產生再喝一杯的渴望。我們不會預想酗酒的隔天起床會有多不舒服，不會細想一旦開始了就無法停止的可能性，而是不斷回想瓊漿玉液的可口，藉此掩蓋磨人的痛苦與搖擺不定的情緒。我經常告訴那些對充滿激情的戀愛上癮的人們，他們夢寐以求的戀人並不適合他們。選伴侶跟挑選窗簾不一樣。窗簾一開始掛上時花色鮮豔，之後會隨時間流逝而逐漸褪色。對比之下，伴侶關係則會持續成長茁壯。成熟的愛情更大程度上在於相互關心與付出，而非交往初期乾柴遇上烈火般的激情，此外這也意味雙方互相扶持以獲得滿足。世上眞的存在這樣的愛情？沒錯，這種愛情與先前所述的那種愛情截然不同。這樣的愛不是被動接受，而是一個動詞，一種行動，一種穩定、忠誠、隨時可得且前後一致的善意，這是我們需要的愛，而不是我們自以爲希望想得到的愛。這不是那種來得又快又急、讓人意亂情迷，彷彿「我倆的愛情無人能比」的狂戀；這不是波濤洶湧的大海，而是深不可測的平靜湖泊。此外，很久以前在兒時形成的傷痕將會痊癒，甚至成為一次次將愛化作行動的回憶，而不是重蹈覆轍的回憶。不要掉入渴望的陷阱，要用心去愛。長遠來看，這種做法的好處要多上許多，也能促成更持久的感情。

古希臘作家亞里斯多芬尼斯（Aristophanes）解釋愛的起源時，講述了一段神話，指眾神將人類劈成了兩半，因此每個人都有各自完全契合的另一半，終其一生的任務就是找到它們。這種說法充滿了疑點，因為我們從未被切成兩半，世上也不存在完美的另一半。不過，有三點可以帶來幫助。首先是承諾：一段感情倘若少了承諾，繼續走下去的可能性就會少得多，因為雙方遇到問題時比較不容易共同努力解決，而是乾脆一走了之。第二是對自己的感受負起責任，而不是把責任推到伴侶身上。第三是時間。這封信的讀者寫道：「我們越是瞭解彼此，感情就越來越好。」長久的愛情的真諦正是如此，而不是「他愛我，他不愛我」那種令人又愛又怕的未知。

每日箴言

人們將迷戀誤當成愛情，但愛情遠遠不僅如此。深情的舉動是一種行為。真正的愛情，不是單純被動接受情意而已。

伴侶關係不只是性愛而已

最近我收到一位七十多歲的女性讀者來信，她正處於一段將近兩年的伴侶關係。各方面都很順利，她也認爲這位新伴侶是可以長期交往的對象，只不過有個問題。

我是一個性慾非常旺盛的人。性為我帶來無窮的樂趣。它好玩的地方不只在於露骨的肉體動作，也在於彼此的分享、玩樂、開放與坦誠。我的伴侶離過婚，而我懷疑他性經驗並不多。我覺得他在性事方面相當壓抑。一直以來我都坦白向他表示，希望彼此的關係中能夠有完整的性生活。但這點從來沒有實現。

他患有嚴重的心臟病，非常珍惜我們擁有的一切，但不希望有性關係，因為他害怕自己心臟出問題——儘管醫生允許他有性行為，還說可以服用威而鋼（Viagra）。令我煩惱的是，他總是敷衍回應我的要求，不在乎我的需求與願望，但在其他方面，他都是我一直在等待的那個人。

看來很簡單：我應該離開他。但除了性事外，我們在各方面都很合得來，包含知性方面。我們都是七十出頭的人了，要另尋合適的伴侶很不容易。對我來說，再次過著沒有性的生活會是一場大災難，而因此而生的埋怨也可能會逐漸侵蝕我對他的尊重。

我幻想過找一個兼職情人，滿足那一部分的自己，同時以其他方式與我的伴侶度過餘生。他會同意我這麼做嗎？也許吧！但我認為不太可能。

伴侶關係可分爲幾個階段，大致如下：

一、未發生性關係且雙方未同居
二、已發生性關係且雙方未同居
三、已發生性關係且雙方同居
四、不再發生性關係且雙方同居

當然，有些人從未經歷不再發生性關係的階段，但人們上了年紀後，性生活便不會再像年輕時那樣活躍，而就某些人來說，這方面的次數會逐漸減少；對另一些人來說則是突然驟減，譬如在有了小孩或生病之後。性關係的驟然減退有可能對安全感造成劇烈影響，因爲兩個人最初之所以會交往，通常是因爲彼此間存在強烈的肉體吸引力。但是請不要將這種隨著雙方交往一段時間後而自然發生的性關係衰退，跟兩人無法解決歧異而導致的性慾減退混爲一談。

性關係往往與狀態有關。我的意思是，一段關係可能會陷入毀滅的循環，雙方變得更在乎誰掌握了權力，而不是彼此是否心意相通、互相扶持與投入這段感情。如果未能謹慎經營伴侶關係，原本親密的感情就有可能演變成互相較勁的形勢。除非擁有心理覺察能力，否則人們通常不會討論或意識到這些問題，而在伴侶關係中，這可能會變得非常棘手。

關於雙方需要的空間及需要做出的妥

> **每日箴言**
>
> 伴侶間如果漸行漸遠，發生性行為的頻率可能會減少；但如果伴侶發生性行為的頻率減少，未必就代表他們漸行漸遠。重要的是，雙方應尊重彼此對關注的尋求，不論是性事或其他方面。

協，通常需要費一番工夫來劃清界線。我認爲，沒有意願發生性關係的人不應該被迫妥協。我們不能透過道理來規勸對方接受性關係。這固然會令他們的伴侶感到傷心沮喪，但每個人都有責任關心自己的身體、探索自己的需求。

一些人總認爲，性愛對伴侶雙方的意義是一樣的。這種想法並非出於自覺，而是一種理所當然的假設，而且往往未經言明。這正是我們發現別人對於親密、性愛與自慰的看法與自己不同時，會感到震驚的原因。必須謹記的是，每個人看待性愛的態度都不同；這是難以解釋或談論的問題，因爲許多人並不習慣透過言語表達自己對性愛抱持的無意識觀念（對此可能也沒有自覺）。但我認爲，我們必須眞正理解各自的立場，試著對另一半的看法感同身受。切勿從對或錯的角度來看待問題，並且應該確保對話的開放性。

人的身體狀態在年輕時達到巔峰，而隨著年紀增長，我們有理由緬懷身上逝去的膠原蛋白，就如同我們有理由哀悼自己不再有體力一天做兩次愛。但是這無損我們像過往那樣地鍾愛與欣賞伴侶的能力。此外，傷痕累累的肉體偶爾能作爲讓人享受美好性愛的工具。維持婚姻的關鍵不是規律的絕妙性愛，而是回應對方尋求關注的意圖。意思是，當其中一方提出看法（不一定限於性愛，也可能是像

「貓咪很可愛」等再平常不過的評論）或尋求回覆，另一方能夠有所回應。所謂的回應，未必得有求必應，但你應該傾聽對方的需求，並且向對方表達你的理解。高特曼學院（Gottman Institute）的研究指出，就夫妻雙方尋求關注的行爲而言，十次中若有七次得到了回應，這段婚姻就能順利走下去；若得到回應的頻率不到三次，這段婚姻便有可能觸礁。

美滿婚姻的另一個指標是愛撫——這裡指的不見得是性愛的觸摸。如果我們與另一半相處時感到放鬆，就會願意表達自己的看法與感受。伴侶雙方若能適時擺脫競爭與道德比較的心態，也有助於形成長久且相互扶持的關係。隨著時間流逝，雙方累積越多共同的經歷，像是創造回憶與育兒，彼此的愛意就越不容易經由性行爲來展現，因爲其他元素會逐漸取而代之，作爲感情的黏著劑。關係中的其他行爲才是維繫感情的關鍵，例如享受對方的陪伴。最終，比起性愛，陪伴才是多數人更需要的東西。合得來的伴侶可遇不可求，需要好好珍惜。

儘管如此，前面提到的那位女性讀者認爲性非常重要，不能捨棄。在後續的回信中，她說她與另一半分手了，因爲對方不能接受她同時與其他人交往。如今她正在尋覓其他對象。這對她來說是不是最好的決定，就留待時間證明了，畢竟我的看法並非一向都是對的。

順服的力量

我遇過一位案主，他找我談的都是一次次自己對、別人錯的事件。起初，我對他的遭遇感到同情，但聽了他的許多類似故事後，我才明白有個問題始終存在。

他一直不願向我透露自己的經歷與童年生活，並且深信自己的問題——具體來說是「別人的問題」——到現在才出現。我告訴他，我很擔心不久後，我在他眼中也會像他討厭的那些人一樣，後來果真如此。有一次，我記錯了與他面談的時間，這是我的疏忽，都怪我不對，而我對此感到非常遺憾，但在他看來，我罪大惡極。在之後四次的面談中，他一直指責我糟糕透頂，讓我備感疲乏。最後，他罵夠了，又開始像之前那樣批評自己認識的某某人做錯了什麼事，於是我苦口敦勸，請他告訴我第一次遇到這種人是什麼樣的情況。

那一刻，他才坦誠相對，訴說他向母親透露自己遭受性侵時不被採信的往事。

他的母親沒能保護他，而且一次次地讓他陷入危機中，直到他長大後有能力擺脫這種處境爲止。這是他在人生中遭遇的不公平，讓他飽受折磨。每次想到這段經歷，他都感覺像事情發生當下那樣地害怕、憤怒、脆弱、無助且受傷。難怪他一直不願回想，但當他這麼做，當他回想自己遭到性侵的過程，然後意識到現在自己長大成人、能夠掌握生活時，便逐漸不再將所有過錯都歸咎於他人。他開始擁有良好的人際關係，與人發生衝突的次數變少了，工作也更加順利。甚至有時他也能容忍我的疏忽，不再動輒就認爲我惡行重大。

這位案主做到了每個人做得到的事：活在當下，時刻謹記過往的教訓。當他學會擱下負面的經歷，便逐漸有能力接受他人的影響。他能夠捨棄自己永遠是對的一方的那種自大，學習信任與順服。當然，他懂得明辨是非、拿捏分寸，好讓愛走進生活。

在那些瞭解我們、深愛我們的人心中，我們占有特別的地位，但這並不代表我們在其他人心中也是如此。那位案主第一次來找我時，對「自己與眾不同、因此永遠是對的」這個觀念深信不疑。這個不討喜的特質存在人類身上已有數世紀之久。過去這被稱爲驕傲之罪（Sin of Pride），實際上牛津大學（Oxford University）自一位校友在一六八四年捐出遺產作爲基金以來，每年都爲此舉行一場布道，因此其由來已久。

二〇二二年我受邀擔任布道主講人，而我願意接下此任的原因，不是我學富五車，也不是我想救人濟世，而是希望讓某些人得到報應。我在大半人生中都患有未經診斷的閱讀障礙，這個症狀起因自我的聽覺處理障礙（auditory processing disorder）。也就是說，我可以清楚聽見所有聲音，但大腦處理聽覺訊息的速度有些遲緩。在醫學界開始流行那些五花八門的病名之前，我被簡單地歸類爲「不太聰明」的一群。我很晚才開始會閱讀文字，經常誤用字詞，而且不會拼寫。當然，我沒有上大學的資質，更別說進入牛津大學這種頂尖學府了。我的父母認爲幫我找個高學歷的結婚對象是個不錯的主意，因此送我到聖吉爾斯（St Giles）就讀牛津與郡立文秘研修學院（Oxford and County Secretarial College）。我原本以爲，在電腦拼寫檢查功能問世之前，讓一個有閱讀障礙的小孩去上速寫與打字課程，是一種「不太聰明」的舉動，但我錯了。

儘管教育程度不足，我仍做過幾份工作、成爲心理治療師、寫了一些論文與書籍、參與了幾部紀錄片、podcast 及電台節目，並擔任一家全國性報紙的每週專欄作家。我靠著曾經折磨我的那些言詞賺錢維生。雖然我的事業一帆風順，但小時候被人貼上「不太聰明」的標籤這件事，至今依然深深傷害著我的自尊。因此我受邀進行那場布道時，暗自希望向我已故的小學老師們證明，如果我有幸在首屆一指的牛津大學擔任布道主講人，也許我眞有那麼一點聰明。諷刺的是，布道的主題正是驕傲之罪。

就我的理解，驕傲之罪與今日所謂的自戀有許多相似之處。沒有人生來自戀或驕傲；這種傾向是在人的成長過程中被形塑而成。最常見的情況是，我們在童年時期看到自己或家人享有優越的待遇，或者被人看成一無是處，因而在長大後希望彌補過去的缺憾。自戀者認爲自己是「最棒」或「最有能力的」，並希望擁有特別的地位。對自我形象過度投入，是自戀的症狀之一，而自戀已成爲現今社會的常態。物質財富的增加成了衡量生活進步的標準；財富的地位凌駕智慧；惡名比尊嚴更受人推崇。我們的政治家、組織機構與文化都充斥著自戀——我們的文化過度注重形象，而犧牲了眞相。

儘管如此，並非所有驕傲都帶有自戀的色彩：我們可以爲自己的孩子、朋友與成就感到驕傲，但不該養成一種習慣，認爲自己的親朋好友或自己的成就比他人優越。如果有了這種習慣，我們的驕傲就不再是健康的，而且會開始犧牲他人的權益。

順服是自傲或自戀傾向的解毒劑。反精神醫學（Anti-psychiatry）的蘇格蘭名醫羅納德・大衛・連恩（R. D. Laing）創造了 diaphobia 一詞，定義是對眞實的對話懷有恐懼：換句話說，就是害怕受到他人的衝擊或影響。順服的目的，就是放下這種恐懼。例如，放下對對話的控制，意味著不試圖操縱對方，而是對他人的影響保持開放的態度。順服也意味著在不知道對方如何看待你的情況下，向對方揭露部分的自我。這意味著降低防備心，允許自己有脆弱的時候。這表示接受一個無可避免的事實，那就是別人對你的看法不會像你所希望的那樣；表示不要求別人以某種方式看待你，也不要在別人說話時只顧著思考自己接下來要說什麼。相反地，順服就是敞開心胸，自在地面對他們的話語可能帶來的影響與改變。當你順服於一場對話時，並不知道對話最終會有何結論，因爲你對任何結果都抱持開放態度。這也意味著，讓對方做自己，並信任對方的本質。

順服他人是一種冒險，也是一種愛的表現。順服意味著放下自負，拋棄控制的欲望，並且隨遇而安。當我們順服於團體歷程（group process）會感到精神振奮，因爲我們將能體驗到自己作爲團體的一部分是什麼感受。順服他人，就是讓自己有機會成爲比個體自我更偉大的人。這不是勸大家應該屈服於更強大的人，而是放下那些會阻礙你在人際關係中成長的死板觀念。當然順服的行爲是有風險的，若你向鯊魚投降，就會成爲鯊魚的晚餐。但是，假如我們不勇敢冒險，便可能與外界失去連結，無法爲更廣闊的世界做出充分的貢獻。

當我們將另一個人定義爲自戀或斷定對方是怎樣的人，就是認爲自己比對方優越。那麼，我們該怎麼做呢？我們不應該定義他人，而是應該定義自己。我們不該指控別人霸凌自己，而是可以提出更關乎個人且更具體的反饋，表達自己受到對方的恐嚇。另一種思考方式爲暫時不做評斷。因此，與其說「噢！那樣好極了」這種再度將自己置於評斷的優越地位的話，不如針對經驗的本身做評論，譬如「那次的經驗讓我備受啟發」，或甚至是「我樂在其中」或「我在過程中感到不自在」等表達方式。與其評斷某件事的好壞（讓個人的主觀經驗聽起來像是客觀的評價），我認爲我們只需要描述個人的反應就好。這兩種行爲是有差別的。我們或許無法時時刻刻都能做到這一點，但並不表示不能以此爲目標。

我也謹愼看待萌生自驕傲的對立面——羞恥——的那種傲慢。若我們因爲過往的創傷而對今日的成就感到驕傲，即屬於這種情況。例如，我對自己寫書與從事專欄作家的工作感到驕傲，因爲我小時候沒能通過打字測驗。這種認知帶有一絲絲報復、甚至是憤怒的情緒。就好比我希望讓已故的小學老師們知道我受邀擔任布道主講人，好讓他們感受到我當年遭受的羞辱。這種心態一點也不謙卑。人的本能是盡可能減少遭受羞辱的機會，彷彿羞辱會徹底擊潰我們似的。但假如我們不在面對羞辱時急著做反應，而是深刻且誠實地思考眼前的情況及自己在當中扮演的角色，便會發現羞辱並不會毀掉我們。因爲羞辱而變得傲慢，就跟因爲兒時曾經受虐而變得自戀一樣。放下傲慢的心態並擁抱謙卑的做法，就有點類似以順服來取代控制與評斷的行爲。

每日箴言

即便你已經很久沒跟傷害過你的那個人聯絡，但如果你的心靈已習慣與人為敵，未來還是會被別人所傷。倘若我們希望與他人建立穩固的關係，便需要跨越這道障礙。

保有強烈的自我意識

雖然人際連結是人類的原始欲望，但擁有自己的嗜好也很重要，如此我們才能從興趣中建立自我意識，而不只是從別人的看法來認識自己。對於人父母者而言，尤其如此。身爲父母——或是兄弟姐妹、愛人或朋友——並不是單純當一種人而已。沒有人是一成不變的，人類比想像中彈性與多變。

任何存在於兩個成年人之間的健康關係，都意味著支持對方在關係以外的世界尋求滿足。如果只有單方面的關心與支持，就不是一種互愛的關係，而像是關係中的一方爲了另一方而成了犧牲自我的烈士。在這裡我要提醒你，不要當烈士。你可以懷有雄心壯志，努力實現理想——你甚至可以在實現理想的**同時**保有幸福快樂的伴侶關係。

我收到一位女性讀者寄來的電子郵件，年紀輕輕的她在度過一個旋風般的夏天之後，與一個男人閃電結婚了。當時她剛滿十七歲，她先生則是二十一歲。她覺得這是她人生中最美好的一段愛情，對方爲她開啟了一個充滿自由的世界，讓她可以在其中盡情探索自我，像是參加派對、出外旅行，以及認識許多美妙而有趣的朋友。

二十多年過去了，生了兩個孩子後，我開始省視自己的生活，渴望再次回到那個充滿愛的夏天，重拾那段比現在更快樂的時光。然而，我發現心中滿是遺憾，怨恨到了極點。

我與先生過著與世隔絕的生活，沒有任何朋友。社交很花錢，而過去十五年裡家裡只靠我一個人的收入支撐——這是我們做出的犧牲之一。曾經工作成了我逃避現實的方法，讓我有機會與其他人相處，但自從新冠肺炎疫情爆發後，我就一直在家工作，而現在這已經成了我固定的工作型態。

這段期間，我發覺我受不了丈夫。我依然深深愛著他、關心他，但我受不了他。我野心勃勃，想過自由自在的生活，他卻希望把我綁在家裡服侍他。

我們對伴侶關係的看法天差地遠，不論我再怎麼說，再怎麼解釋我的感受與承認他的感受，似乎都改變不了任何事情。

我擔心我們再也合不來了。我不想失去他，但我還要忍受這種不快樂的狀態多久？我把成年後的日子都獻給了他，滿足他的需求，讓他擁有快樂的生活。而我呢？什麼時候才輪到我過快樂的生活？

上述這種情況通常會發生在戀愛關係中，尤其如果在交往之初，其中一方仗著年紀較長就自認比對方睿智，而另一方甘願改變自己以取悅伴侶，失去了自我及犧牲了自己的需求。我可以理解，一段關係彌足珍貴，家人的親密感無價，但若為了迎合他人的需求而拋棄自我，可能會讓自己感到孤單且沮喪。大多時候我們與別人相處時都必須展現眞實的自我，而不是別人眼中的自我，否則就有可能感到無助、孤立且與外界脫節。如果學會多想一點，我們就能擺脫內疚感。如果我們有更多自覺，就能學會認清自己需要什麼。

一般我會建議大家從超越單一關係的角度去反思自己的生活，也就是思考自己的交友生活、工作與其他興趣，以及是否曾有機會好好瞭解自己的需求。人們經常談論如何找到合適的伴侶或「眞命天子／女」，這個社會的組成也以這種戀愛觀為核心，但我時常在想，在團體中會不會更容易得到快樂。一段關係，很難像數條連結那樣地滿足我們所有的需求，而假如將所有精力都投入一段感情，可能會讓人變得過度依賴伴侶。

與不同的人相處融洽，是一項技能。有些人需要學習如何適應與摸索適應的開關，有些人則需要戒除適應的習慣，好好喘一口氣。如果你完全迎合一個對象，比起放在自己身上的注意力，你花更多心力去在意對方的感受，這樣就失去了自我，對方也無法與你形成連結。你甚至會難以與自我形成連結。與他人劃清界線，是與自我建立穩固關係的關鍵。如果別人清楚知道你的界線在哪，並且盡量不越界，你就不需要藉由明確表達自己的底線爲何來定義自己。人們通常不會在人際關係中約法三章，不論是戀愛或友誼都是如此。我們往往能憑直覺判斷怎樣才不會踩到對方的痛點，但有時候，界線是需要明確劃定的。

你需要決定自己的底線爲何，並清楚表明這一點。每當你與任何人劃清界線，都必須知道自己的極限。立下界線時，你不必非得嚴苛以待，而是可以和善地表達，並解釋原因，但你必須有足夠的決心來維持這條界線。劃清界線不是件容易的事，假如你沒什麼實際經驗，那更是如此，因爲每個人都有許多的制約反應需要克服。在成長過程中，許多人除了忍讓之外，從來沒有得到做任何事情的許可。倘若大家相互尊重，就沒什麼關係，但如果缺乏尊重，就會讓那些不尊重他人的人取得不公平的優勢。你眞正需要善待的人是自己，而不是那些似乎有意忽視你心願的人。曾有一位讀者在我的專欄留言表示，如果你必須在內疚與怨恨之間做選擇，那就選擇內疚吧！這是一句至理名言，也是我想敦勸你做的——寧可內疚，也不要後悔。

愛上一個人的時候，我們會信任對方，並在某種程度上交出自己的權力。這很正常，因爲這就是人陷入愛河時會有的舉動。這種行爲應該是對等、互相的，一般而言也是令人愉悅的。然而，如果只有某一方順服對方，就會面臨強制性控制的風險。多個婦女援助組織都描述，強制性控制是一種攻擊、威脅、羞辱與脅迫，或者意圖用來傷害、懲罰或恐嚇受害者的虐待行爲或行爲模式，我們必須能夠察覺這些虐待的徵兆，但是，虐待是關係中的一種動態，而不是一系列可能出現的行爲。這是一種傷害的模式，用意是控制另一個人的行爲，而且可能藏在許多不同的僞裝背後，例如因爲害怕伴侶生氣而不敢穿戴某件衣服或飾品。同樣值得留意的是，利用這種手段來控制關係的行爲，不只會發生在情侶之間，也存在於家人與朋友之間。

受他人控制時，我們的情緒會變得不健康，自己也會感覺受困。與我們最親密的那個人像是變成了一面鏡子，所反射的我們變得扭曲，進而侵蝕我們的自信與幸福。這令人難受，而且持續的時間越長，我們就越難脫離。強制性控制是危險的舉動，如果你心中的警鈴響起，請尋求協助。我的建議是，擬定一套應對計畫，然後按部就班地執行。在你確定處境安全之前，不要向對方透露這件事。

記住，你存在的目的不是只有爲他人著想；你可以當自己的主人，也爲自己著想。當你劃清界線時，爲自己的需求與目標多設想一些，若你能瞭解、尊重且疼愛自己，別人可能就會因此而有所改變，並學著疼愛與尊重你。如果你允許自己過自己想要的生活而不需要任何人的祝福，並且眞正做到這一點，便很有可能得以在人際關係中獲得更大的滿足與親密。你會發現，自己與他人的關係因此變得更加穩固與眞誠。

回到上面那位女性讀者的問題，即使不被先生所祝福，她仍然可以賦予自己自由，去過想要的生活。事實上，假如她眞的這麼做了，很可能就會發現先生沒有像現在這樣地令人討厭，甚至有可能重燃自己對先生的熱情。她的先生也會發現，即使她有更多需求被滿足了，自己的世界也並未因此而崩塌。連結的重

> **每日箴言**
>
> 如果你必須在內疚與怨恨之間做選擇，那就選擇內疚吧！你會發現，世界不會因此就崩塌。

要性不容小覷，每個人都需要與不只一個人形成連結。我相信，每個人需要的關係不只一段，所生活的世界也需要更大的空間。

倘若生命中遇到的某個人迫使我們永不改變，或強迫我們過不想要的生活，我們就必須離開對方。但如果我們只是坐等別人來同意我們的觀點，所做的事就必須合乎自己的心意。別人有權利選擇是否要與你在一起，或者離開你。我不會教你如何說服別人同意你的看法，這不是重點，重點在於，你必須做到需要做的事，才能擁有快樂與滿足的生活，而不是強忍怨恨地度過餘生。現在，是時候為自己尋找快樂了。

我要特別說明，「經營」關係沒有所謂正確的方法，世界上的人際組合千萬種，因此有不計其數的方法可以建立穩固而有意義的連結。但我希望，本章舉出的案例能幫助你在如何建立人際關係、什麼樣的人際關係適合你，以及如何決定在關係中做出改變等方面，獲得嶄新的見解。

一個人有私人問題時，即便起初這個問題看似與他／她如何理解他人無關，但若稍微深入挖掘，你會發現他／她的私人問題通常在於人際關係方面。焦慮症、憂鬱症與妄想症都是如此，因為每個人都是在與他人的關係之中成長與發展的。

試著讓人際關係發揮更大的功能、有更平穩的進展，這麼一來，你就能在生活中擁有更高的效能感。

我們試著解決關係中的問題時，很容易就會認爲對方是問題的癥結點，但多數情況下，我們與對方都有責任，是我們共同導致了彼此的連結不如我們希望的那樣穩固。關係中產生的衝突向來棘手，但難以避免，而這一點正是我們將在下一章探討的主題。

2.

如何爭執

設法解決私人生活與
工作中的衝突

不論我們多麼努力改善與他人及自我的關係，任何人際關係都存在挑戰與爭執。學習如何度過這些棘手的時刻，並不表示未來你就不會與身邊的人產生意見上的分歧。現實是，任何關係都會發生衝突，因爲每個人的經歷都不同。兩個人不管多麼相似，各自都有獨特的生命歷程與處事方式。面對同一種情況，每個人獲得的經驗各不相同，而這未必代表有任何人的觀點比較正確或不正確。

然而，我們可以透過一些方式來處理伴侶、朋友、家人及同事關係中的衝突與誤解，避免造成對方的痛苦。若能瞭解自己如何爭執或過度調適，以及更深刻覺察自己面對衝突時的情緒從何而來，我們就能設法變得更具有同情心且更坦誠，最終找到更有效的解決方式。

每個人主張觀點的方式不同，爭論的事情也不同，但根據我的觀察，大致上可分爲幾種模式。我希望各位在閱讀本章的同時，留意自己覺得哪一種類型的爭執最熟悉。你是否總是糾結於誰對誰錯而困在死胡同裡？你是否傾向逃避衝突，對任何事都不強求，就連眞正重要的事也一樣？你是否過於重視事實與邏輯，而忘了傾聽自己與他人的感受？當然，不同類型的爭執有一些共通點，而正常情況下，這幾種模式會同時出現在同一場爭執中，但我希望，你跟著本章探討這些模式時能有更深的自覺。

爭論點#1：思考，感受，採取行動

如果你明白每個人面對爭執時都會有主要——或偏好——的因應方式，就比較能夠理解他人的經驗。這些因應方式通常分爲思考、感受和行動。有些人喜歡靠思考解決問題；有些人需要先探索自身感受；其他人則會直接採取行動。我將這三種方式比喻爲三扇門，而我們需要知道，哪一扇門是開的，哪一扇是關的，哪一扇又是鎖上的。

如果兩個人的主要因應方式有所不同，他們很難在不發生爭執的情況下共同解決問題。下面這封信來自一位丈夫中風的女性讀者。

我先生是一位六十多歲的科學家，習慣靠頭腦解決所有問題，但他現在必須努力復健才能恢復行走的能力。他從原本在醫院坐輪椅進步到在家使用助行器移動，現在靠拐杖輔助。然而，他對自己的緩慢進展感到沮喪，因為他希望透過思考來擺脫眼前的困境，而不是透過運動來重拾健康。

我發覺自己對他嘮叨個不停，整天都在提醒他多運動，這些日子我覺得我更像他的母親，而不是妻子。我有時會感到憤怒與怨恨，因為他不向我表達任何情緒（以前他就不擅長如此，所以我不知道為什麼現在會期待他這麼做），讓我覺得我們非常疏遠。

我試著跟他談談表達感受這件事，但他冷漠以對。我也因為討厭他而感到內疚，因為他才是受苦的人。這段日子以來，我們兩個人都身心俱疲。之後他應該能完全康復，但需要一段時間。

讀了她的信之後，我覺得她的丈夫就像是打開了思考這扇門、關上了行動之門，並鎖上了感受之門。另一方面，她本人則像是打開了感受與行動之門，卻關閉了思考之門。她與丈夫之所以產生衝突（即她所描述的怨恨與憤怒），是因爲他們開啟了不同的門。換言之，他們採取了不同的因應方式。

陷入困境時，我們會希望深愛的人與我們像一點，做出更相似的反應。但是，這位讀者的丈夫自顧不暇，連順從己意都很吃力，更別說是嘗試照她的方式去過生活與恢復健康。別忘了，每個人都不一樣，而正是這些差異讓我們受他人吸引。我們會嚮往或欣賞自己未充分發展而別人擁有的那些特質，但面對危機時，我們會感到焦慮憤怒，因爲別人跟我們並不一樣。當人生出現了難題（像是家人生病或工作遇到挑戰），我們會變得沒那麼靈活機敏，而更習慣以自己偏好的方式去應對。我們彷彿進入了緊急模式，變得更因循守舊、更固守平時的心態，也比較無法從他人的觀點去看待事情。回到前面那個案例，那位女性讀者瞭解了丈夫的主要因應方式後，便找到了一種「思考」方法去慢慢敲開他的「行動」之門：她向專業醫療人員諮詢，瞭解丈夫的大腦如何在他復健的過程中形成新的神經路徑，以幫助他經由「思考」而採取行動。

別人生病或遇到麻煩時，我們傾向給予建議，表達我們認爲對方應該怎麼做。我們會認爲，如果對方完全照我們說的去做或採納我們的意見，他們會過得更好。這背後的動機往往是我們不想對他們投入過多關注，因爲他們的無助、脆弱、痛苦與挫折可能會讓我們想起自己的無助、脆弱、痛苦與挫折。我們不願從他人身上經歷這些負面感受，因此選擇給予建議。然而對許多人而言，接收那些不請自來的建議，感覺就像遭到別人的評斷或拒絕。事實上，人通常都希望獲得同感與被別人所理解。試想：如果你的狗意外被車輾過，你應該會希望別人爲你感到悲傷，而不是建議你如何綁好牽繩。發揮同理心，並不表示拒絕或修復他人的感受，而是去體會他人的感受。要這麼做未必容易，尤其如果別人體會事物的方式與你不同，更是困難。在前述的案例中，那位中風的科學家難以與妻子分享自己的感受，但能夠傾訴內心的想法，而妻子在理解並同理他的掙扎後，便能解決彼此間的衝突。

我發現，父母會失去耐心或甚至動怒，往往是因爲孩子不停抱怨或哭鬧。直接發脾氣，比起讓孩子的感受來喚醒自己幼時的脆弱，或者承認自己在無能爲力時所產生的羞愧感要來得簡單。強迫孩子依照我們的想法去做，或高高在上地指點孩子，會比發揮同理心或接受孩子的行爲還要令人感到安穩，但這不能幫助孩子解決問題。面對成年人，我們也可能做出相同行爲——這正是爲什麼當你說自己感冒、感覺全身無力時，更有可能得到多吃紫錐花、維生素C、蜂蜜與檸檬及沖洗鼻腔的建議，而不是獲得你所期待的同情，最後感覺自己的姿態低人一等，而不是受到安慰。

每日箴言

因應方式主要可分為三種：思考、感受與行動。如果某個你關心的人正面對人生難題，請試著理解對方的因應方式並發揮同理心，而不是打從一開始就想著如何幫助對方解決問題。

我不是說我們得爲自己的感受負起百分之百的責任。別人當然會影響我們，而我們也會因此產生感受，其中有些可能不是我們希望看到的。我的意思是，別人也不必爲我們的感受負起百分之百的責任。承認每個人都會遇到難題與衝突，並接受別人的因應方式可能與自己有所不同，是理解問題與找出解決方法的首要步驟。

爭論點#2：問題不在我，而是在你

據我觀察，許多人面對關係中的問題時，都認爲是對方有問題，而自己只是個旁觀者。對我們來說，反覆思考對方有多糟糕，比檢討自己如何導致當下的感受要來得輕鬆。當我們將焦點放在對方身上，就是在解離自我與自身的感受及需求。

思考這件事時，我想到了下一個問題，而提出這個問題的人是一位中年男性，他在這封慎重的信裡向我訴說了他的婚姻。

我和妻子同年，都是五十一歲，一起生活了三十年。她正經歷更年期前期症候群，而我試圖盡可能支持她。我對她一直都很體貼，在她經痛、分娩、產後憂鬱及罹患厭食症那三年的期間無微不至地照顧她，我也盡我所能地研究了所有關於更年期前期症候群的知識。我愛我的妻子，也覺得她很性感，但我知道親密感不是她此時此刻想要的，我也尊重她的想法。

我們的婚姻從來沒有規律的性生活，但我依然渴望她，希望在她準備好的時候能有某種形式的親密接觸。我不想跟其他人發生性關係，因此我宣洩欲望的方式是在有需要時自慰，不過我還是像青少年時期那樣有罪惡感！等到時機成熟，我和妻子還可能繼續維持性關係嗎？我實在不願意接受我們可能不會再發生肉體關係的事實。

在我看來，這個男人是伴侶關係中有問題的一方（他的問題是沒有性生活），但他認爲有問題的人是妻子——儘管她似乎不在意兩人缺乏親密接觸。事實上，他好像一直都習慣把妻子看作是一連串問題的根源，而不承認自己有問題。我很好奇，是什麼樣的成長過程導致他到了五十一歲還會因爲手淫而感到焦慮。他企圖導正妻子的行爲也帶有「我想爲了自己的需求而改變你」的意味，我想他的妻子應該也有同感。她可能覺得丈夫做了那麼多研究、教她該怎麼做，就像把她當成小孩一樣，彷彿她是有待分析的樣本、是某種需要糾正的東西，而不是一個需要被理解的人，這可能會削弱她從丈夫身上感受到的性吸引力。很少有人會希望受到他人的導正，而這種行爲會使兩人漸行漸遠。

當你試著向別人解釋自己如何看待某個問題時，避免表達你對他們的看法。我無意教你怎麼說（請用自己的話說），但請聚焦於你與他們相處時有何感受，以及你希望雙方的關係有何改善。因此，不要使用「她惹惱我」或

每日箴言

每個人都應該對自己——而不是他人——負責，如果我們希望改變某件事，就應該改變自己。別人也許會回應我們的改變，也或許不會，而那不是我們能夠控制的事。

「他沒在聽我說話」等說法，而是改成以「我被惹惱了」或「我覺得他沒在聽我說話」來表達，對自己的反應負起責任，並瞭解即使對方沒有照你說的去做，也不表示他們有錯。這個習慣將能幫助你對自己的回應負責，而不是一味怪罪他人。

在對方身上挑錯，比反省自己做了什麼而限制雙方關係的進展要容易得多。我們必須意識到，如果自己經常對不同的人產生相同的感受，那麼有問題的人可能是我們自己，而不是對方。就算問題可能出在對方身上，但假使你總是認爲對方有錯，自己永遠都是對的，那麼或許你才是有問題的一方。我們來看看下面這個例子，這位女性讀者一直因爲無法與同性保持友誼而感到煩惱。

打從兒時起，我與同性建立的每一段友誼到最後都成了夢魘。

我百思不解這些閨蜜情誼為什麼總是無疾而終。我不認為自己犯了什麼活該被絕交的錯。事實上，這些年來，那些女性友人遇到麻煩時，我都給予全力支持。我有許多男性朋友；這種突然失去聯絡的情況只發生在我與同性朋友之間。

我對自己有高度的期許，也主張女人應該獨立自主，但我從未批評過女性友人的生活。我一直都試著鼓勵她們，讓她們知道自己多聰明、多有魅力與多麼幽默風趣。她們與我斷了聯繫，有可能是因為嫉妒我嗎？
我不知道我還能怎麼做才能改變自己的處境。

考量這種情況不斷發生，我確實認爲問題可能出在她身上。從她的例子可以觀察到一種模式：某個地方出了錯，而她未能意識到這一點。她並未刻意做出討人厭的行爲，而如果你也面臨類似處境，或許有必要多加留意關係中的細節。許多人跟這位女性讀者一樣，認爲與某個性別的人維持友誼比另一個性別來得困難。在治療過程中，如果客戶遇到的問題與女性有關，我都會請他們詳細描述自己與母親的關係，而如果問題與男性有關，就會請他們描述自己與父親的關係。有時我們可以從這些經歷中瞭解，兒時的親子關係是否早已爲一個人勾勒出長大後人際互動的樣貌。

在這個案例中，我認爲來信的這位女性可能深受老掉牙的傳言所荼毒，認爲女生都愛聊八卦、在背後說人壞話，而且有顆玻璃心。相比之下，大家都聽過男生直來直往、性格堅強的刻板印象，而每個人不分男女都內化了這樣的訊息。社會似乎更看重男性一些：如果你是女生，被別人說像男生，你可能會認爲這是種讚美，並覺得自己高出其他女孩一截。從這位女性讀者自述她幫助女性朋友的方式來看，我不覺得那體現了人與人之間常見的相互支持。她對其他女性朋友的態度可能是「照我的方式做，秉持我這樣的態度，就能擁有我所擁有的生活」，但這在別人眼中感覺就像「你不要做自己，要像我這樣才對」。或許，她能夠接受男性朋友本來的樣子，但似乎總覺得自己認識的女性需要改變？又或者，她總是下意識地與她認為不如自己的女性交朋友？其他人可能在她身上察覺到了某種內化的仇女情結。

不論是什麼原因使她遭到女性友人的排擠，都可能是她童年時期導致的結果。好消息是，我們雖然無法改變他人，但能夠改變自己反應與回應的方式，進而扭轉當前的處境。我們無法控制他人，只能控制自己，而若想解決人際關係中的難題，就需要開始改變自己的行動與行為。比起瞭解自己做了什麼而導致人際關係出了問題，把重點放在別人有多討厭的這種舉動要容易得多，但幫助不大。若能做到前者，我們就會發現一個不同的模式，一個能帶來助益且充滿了愛的模式。

爭論點#3：好人對上壞人

在爭執過程中，我們很容易認爲自己是好人、對方是壞人，於是自然會選擇相應的證據。我們刻意挑選對自己有利的證據來加深這種厭惡感，並對支持自身觀點的人們誇誇其談。這讓我們感覺良好或甚至自以爲是，因而創造一種負面的濾鏡並透過它來檢視別人，也就是把別人都看作是壞人。我看到這種「我對你錯」的遊戲在許多不同情況中上演，從有了孩子後協議離婚的夫妻到意見分歧的同事，從因爲家事產生衝突的伴侶到感情逐漸變調的朋友等都有。

想當看法正確的一方，是正常的人類行爲。如果自己有錯，會招來羞愧、批評與內疚，這些都是我們寧可避免的感受。然而，這種扮演對的一方的欲望與自認是好人的想法，往往會讓人深陷衝突的迴圈，而不是敞開心胸接受可行的辦法。憎恨不斷加劇，你與對方都受困其中。你們兩人都不尋求改變，也不願離開對方。有位智者曾說，有理與結婚無法兩者兼得。我認爲這個道理適用於任何類型的關係。

不久前我收到一位年輕人來信，他因爲一段不恰當的對話與家人起了爭執。

有次家庭聚餐，我的大姐開了一個仇視外國人的玩笑。我說她有種族歧視，後來也沒有心情繼續吃飯了。她非常生氣，也覺得受辱，否認自己是種族主義者，並表示自己只是玩玩文字遊戲，開個玩笑罷了。我雖然不高興，還是被慰留了下來，因為我不想因此破壞了氣氛，但我與大姐從那次之後就沒再交談了。母親建議我暫時不要參加家庭聚會。

我和大姐在成長過程中處得很好，所以這次的衝突不是持續的競爭關係，但這些日子以來，我與母親及大姐之間出現了根本性的差異，總歸一句：我讀《衛報》（*Guardian*），在大城市生活；而她們讀《每日郵報》（*Daily Mail*），住在鄉下。儘管如此，平時我們相處融洽，我其實也非常希望修復這道裂痕，但不知道該怎麼做。

作爲一個社會，我們需要在公開場合相互支持，最重要的是，在這種私底下的時刻也應如此。社會確實存在（不論柴契爾夫人宣稱什麼），當我們發現他人有所偏執時，若公然加以指正，可以消除仇恨並爲群體帶來助益。因此，我認爲這位年輕人做得很好。

那個笑話的確帶有種族歧視的色彩，我不打算再說一次來羞辱任何人。但是，這位年輕人的問題不在於那個笑話是否冒犯了外國人或出於善意。眞正的問題不是他罵了自己的姐姐，而是他罵她的方式。當我們知道自己是對的，也知道成千上萬的人都會認同這樣的立場時，很容易感覺自以爲是以及高人一等。不知不覺中，我們會想證明自己比較聰明，尤其是在傳統上被認爲比較明智的哥哥或姐姐面前，不論彼此在成長過程中的關係多麼融洽。這個男人試圖證明自己的自由主義立場，結果陷入了從左派或右派政治的拙劣視角來看待自己與姐姐的陷阱。然而，每個人的成長背景都遠比這種二分立場要來得複雜。

他走到了這一步，意味著他在某個階段學會了以不同於幼時成長過程的方式去思考，由此可知他能夠理解爲什麼大姐不懂那個「玩笑」令人反感。與其說她懷有惡意或討厭她所嘲諷的對象，不如說她開口前沒有認眞思考。在她的宇宙中，她可能從未想過，作爲一個厭倦刻板印象、遭到嘲笑與傷害的少數族群會有什麼感受。

我們需要試著從他人的觀點去看待事情。如果不考量他人的觀點，自以爲道德高尚地替別人貼標籤，這種行爲也會讓自己成爲「好人」、對方成爲「壞人」。就這個案例而言，當事人應該評判笑話本身，而不是評判說笑話的人。任何人假使被貼上標籤並當眾遭到指責，都會感覺受辱，倘若如此，當事人就不可能聆聽別人的意見並認眞思考，而是更容易否認自身言行的不妥或試圖爲自己辯解。在上述案例中，這位年輕人原本可以向姐姐表達意見，讓她有機會仔細反省自己的行爲，但卻沒有這麼做，實在可惜。

我會建議他讓家人知道，那個笑話爲他帶來什麼樣的感受。他也許可以說：

> 「這個文字遊戲眞妙，但如果我的家人來自世界的另一端，這個笑話會讓我感到傷心、生氣或不受歡迎，所以我不會再次提起。這個笑話聽起來無傷大雅，就像身上被劃了一道小傷口，但是當這樣的傷口積少成多，會讓人感覺非常痛苦。」他還可以補充說：「我知道你是個好人，但如果別人聽到你說這個笑話，可能會誤以爲你有種族歧視。」

種族歧視的笑話並不恰當，攻擊開口前並未

每日箴言

如果我們謙卑地表達意見，反而會更加自信，這意味著，我們證明自己的論點時不會顯得太過盛氣凌人。

認眞思考的姐姐也不恰當，負負不會得正。當你感覺受困於衝突的迴圈時，首先應該暫時擱下這種某一方是好人、另一方是壞人的動態。

爲了進一步說明這一點，我們接著來看一位已訂婚的年輕女性的例子。與未來婆家相處不睦一事，破壞了她對於即將到來的婚禮與婚後的夫妻生活的期待。她的故事並不特別，我經常收到讀者來信詢問該如何解決與親家之間的衝突。

我未婚夫的媽媽心腸很壞，她否決了我為婚禮做的每一個決定。我們選了一個光線昏暗、氣氛沉悶的場地，就只是為了取悅她。我和未婚夫想僱請一輛餐車負責供應晚宴的點心，她卻說她「討厭」外國食物。那她的解決辦法又是什麼呢？是請當地寄宿學校的廚師準備食物（那些食物讓人難以下嚥，你想想，乾巴巴的火腿三明治會好吃到哪裡去）。

礙於新冠肺炎疫情，我們無法按原定計畫舉行婚禮。我鬆了一口氣，因為這樣我就不必忍受他的家人。現在，我的未婚夫想結婚，但如果他父母也會參加的話，我就不想結婚了。我想私奔：我非常愛他，也想嫁給他，但他不願意在父母不在場的情況下結婚。他的母親和姐姐都指控我從她們身邊偷走了他。這番話讓我很傷心，我永遠不會原諒她們，因為我從來沒有阻止他參加家庭聚會或其他活動。他告訴我，我改變不了她們，我必須接受現實，對她們好一點。很抱歉，我做不到。似乎沒有人在乎身為新娘的我是怎麼想的。我不知道該怎麼辦。

我們在這個世界上感到不安全時，便需要敵人。於是，我們找到敵人，試圖重新獲得控制感。內心的情緒似乎會驅使我們去尋找我們認爲有錯的人，讓自己感覺好過一些。如果你接納他人並試圖理解對方，而不是批判他們，多少會感覺自己吃了虧或受了委屈，但我保證，你並沒有吃虧或受委屈。

假如我們能夠意識到自己如何解讀他人的行爲，這項任務會變得比較簡單。在爭執過程中，請試著綜觀全局：客觀看待企圖吵贏對方的自己。你注意到了什麼？請試著看看自己能否靜靜地旁觀這場爭執，而不去思考誰對誰錯。現在，你跳脫了自己的視角，可以看看自己在其中扮演了什麼角色。那是什麼樣的角色？爭執中的每個人在害怕什麼？他們如何操縱彼此？心中懷抱的恐懼有何不同？又有什麼相似之處？我想，每個人都有各自的感受，並且透過自己知道的唯一方法去控制那些感受。你可以嘗試瞭解他人與自己的感受。

你可能會想：爲什麼是我要去考慮別人的感受？爲什麼不是別人來考慮我的感受？原因是，只有你才是自己可以控制的那個人。你要先改變自己的行爲，別人的行爲才會有所改變，但不一定會如此。如果你把別人說的話都當作是對自己的攻擊，並沒有好處，因爲這會使你想要做出反擊。回到上述那位準新娘的例子，我會建議她拋開「我從來沒有阻止他參加家庭聚會」的想法，而是試著這麼想「我可以理解，他的家人想到以後比較少機會能見到這麼一位可愛且如此重要的家人，心裡一定嚇壞了。我會盡量多跟他一起回去探望他們。」

若你從正面角度去解讀他人的行爲，就會在對方身上找到不同的意義。舉例來說，有另一位準新娘寫信向我傾訴類似的問題，只不過她未來的婆婆並沒有出錢贊助婚禮，而她覺得這種舉動很自私。但是，退一步想想，婆婆沒有出錢贊助，或許不是自私，而有可能是不想干涉婚禮。換句話說，我們可以想想別人表達意見時心中可

> **每日箴言**
>
> 我們經常落入從自身角度去解讀他人行為的陷阱。即便是相同的行為，別人的動機所代表的意義也可能與你有所不同。

能抱持什麼樣的感受，並試著去同理那些感受。

若想實踐這一點，有一個方法是花點時間想像，要是你是對方、過著對方的生活、擁有對方的成長背景，會是什麼樣子，並欣賞他們因此而成就的事情。設身處地去體會與你發生爭執的那個人的立場，並試著想像你若是他會怎麼做。身處對方的立場是什麼感覺？然後，再想像自己與對方坐下來交談。為了幫助自己進入角色，你可以說：「我是（對方的名字），我正坐下來與（你的名字）交談，我感覺身體出現了什麼變化？」想像自己變成他們時是什麼樣子，以及他們有何感覺，接著去體會那些感受。

如果雙方都採取兩極化的立場，便需要互相讓步才能達成妥協。這未必是件易事。接納他人也不總是那麼容易，但這是讓彼此關係有所進展的唯一途徑。

爭論點#4：事實對上感受

衝突通常更關乎當事人各自的感受，而不是關於事實。這一點是我們如何爭執的核心，也迫使許多人必須大幅改變他們看待自己與他人的方式。我們的想法遠比信念來得沒有邏輯，而邏輯很少能夠解決紛爭。倘若發生衝突的雙方能夠理解彼此的感受，那麼要找出解決方法會容易得多。當然，有時我們會優先考慮事實而非感受，但如果感受遭到了忽視，那麼事實獲得尊重的可能性也會降低。這表示，你不應該利用邏輯來「吵贏」對方，而是應該試著聆聽自己與對方的感受來促成理解，因爲這正是讓彼此關係脫離困境的方法。

倘若我們將重點放在邏輯而不是感受上，便可能陷入我稱之爲事實網球（fact tennis）的比賽中。當發生爭執的兩方各自提出理由與事實，找更多論點來反駁對方，就是在打事實網球。如此一來，雙方的目的變成了得分，而不是找出可行的解決方法。

舉個常見的爭執爲例，假設有一個人出門前的準備時間比別人久，而當他／她與伴侶爭吵的過程變成了事實網球，對話就會像以下這樣：

發球者：等你準備好都不曉得過多久了，所以如果你不現在開始準備出門，我們跟我爸媽吃飯就要遲到了。**十五比零**

回球者：胡說，我只要半小時就能出門，開車到那兒也只要二十分鐘，所以我們還有時間。**十五比十五**

發球者：上禮拜跟我朋友聚餐，你摸了四十五分鐘才出門。**三十比十五**

回球者：那是因為我得洗頭，這次我不用洗頭再出門。**三十比三十**

發球者：但如果我們拖到最後一刻才出門，萬一遇到塞車就會遲到了。上次就是這樣。**四十比三十**

回球者：我看過路況，今天不會塞車。**四十比四十**

雙方就這樣你一句我一句地爭執不下。到了最後，其中一方想不出藉口，因而被視爲「輸家」。儘管表面上爭執得到了解決，但他們有可能依然感到惱怒與憤憤不平。如果「贏家」因此覺得洋洋得意，淪爲輸家的伴侶心裡肯定不好過。

假使先不管邏輯，而是聚焦於感受上，雙方的對話比較有可能像以下這樣：

對話者一：如果我們拖到最後一刻才出門赴約，我會覺得很焦慮。我爸最討厭別人遲到，這會壞了他的心情。

對話者二：噢親愛的，對不起，我不願看到你焦慮，我也知道跟你爸媽約吃飯，遲到的話不太好。但是，我想做完手邊的工作，等下才能心無旁鶩地跟你家人吃飯。

對話者一：嗯，你的確有很多事要忙。那我幫你把洋裝熨一熨，這樣你工作做完可以直接穿，就能快點出門了，如何？

每日箴言

企圖透過事實與邏輯去「贏得」爭執無濟於事，而且會讓衝突中的每個人都陷入對與錯的有害比賽中。不要批評對方與在爭執中求勝，而是應該設法理解與同理對方的立場。

傾聽彼此立場的差異並設法克服這些差異的重點在於理解與妥協，而不是吵贏對方。我認為如果我們能保持開放的態度與好奇心，而不是從批評角度去咒罵別人，生活會比較美好。若想得到最好的結果，你應該設法理解與同理對方，而不是以批評與勝利為目標。如果你將自己與對方的差異看作是一個機會，藉此理解對方的觀點並表達自己的立場，而不是你對他錯、你贏他輸的競爭，為關係帶來的助益會大得多。不要糾結對錯，也不要試圖指責對方與/或要求對方道歉，而是嘗試去理解。大家都把作爲對的一方這一點看得太過重要了。

爭論點 #5：卡普曼戲劇三角

許多諮商師會利用所謂的卡普曼戲劇三角（Karpman Drama Triangle）來理解一段關係中發生的事情。其重點在於將爭吵的事情暫擱一旁，仔細檢視你與對方相互理解的模式。想像一個三角形：底角是受害者（victim），另外兩角分別是迫害者（persecutor）與拯救者（rescuer）。

卡普曼戲劇三角旨在探究衝突的根源，以及洞察爭執往往不在於雙方討論的問題，而在於雙方如何看待彼此的態度。這正是爲什麼一些有關瑣碎小事的爭執到最後會演變成劍拔弩張的

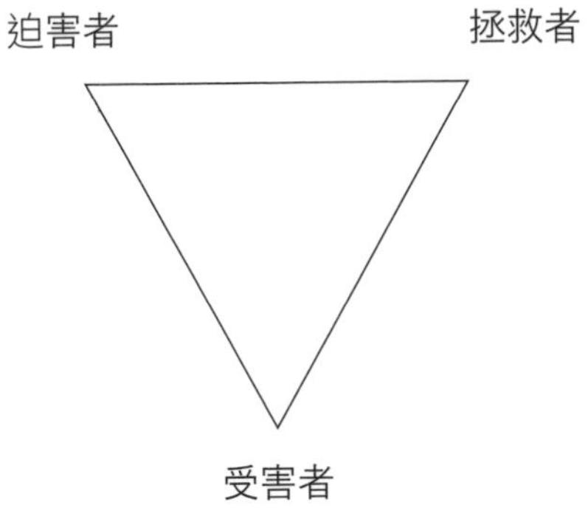

局面。

我們來看以下這則故事，瞭解卡普曼戲劇三角是如何運作的。這位當事人的伴侶患有憂鬱症，但不願尋求幫助或服藥治療。身爲丈夫的他備感挫折與絕望，來信訴說自己的處境。

我太太罹患憂鬱症數十年，期間只看過一次醫生，在那之後的幾個月便擅自停藥，而且不願再度就醫。她不跟任何人談自己的病情，也不向專業人士或家人求助，包括我在內。

過去兩年來，新冠肺炎疫情對她的心理造成巨大陰影，如今她的其他行為也嚴重影響了我。以前人們總說我看起來非常樂觀與開心，現在的我肯定不是如此。

我努力想讓生活重回正軌，我並不完美，但我做的每一件事她都不滿意。她跟我說話的態度讓我覺得自己很笨。我不是一個愛挑釁的人，但有時跟她相處我必須為自己辯駁。她時常讓我有罪惡感，讓我覺得每件事都是我的錯。

她沒有任何親近的朋友，也沒有喜歡的興趣，她似乎討厭我的作為，但也不願意與我一起努力。

此時此刻，他們兩人都繞著戲劇三角打轉，不斷在拯救者、迫害者及受害者的角色之間來回轉換。來信的這個男人正在扮演拯救者，試圖說服妻子就醫治療憂鬱症。他的妻子認爲他這麼做是在迫害她，因此開始自我防衛，並且反過來迫害丈夫，使丈夫感覺自己成了受害者。這是許多關係——夫妻、家人與朋友——出現分歧時常見的循環。

那麼，要如何擺脫這三種對關係毫無幫助的角色呢？我們可以改變自己對他人的反應並觀察局面如何演變，或者選擇離開。如果你選擇了前者，首先必須學習不迫害他人：說話時不使用特定的措辭，譬如「你總是……」、「你就是……」、「你應該……」。換言之，你可以採取「我……」的說話方式，定義自己的經驗，而不是以「你……」爲開頭。避免使用「應該」等詞彙，而是描述某件事讓你有何感受，接著表達若是對方改採哪種行爲，會讓你感覺比較好過。這個習慣能幫助你對自己的回應負責、而不是責怪別人，並促成不易引起爭執的對話。

說話的方式就跟說話的內容一樣重要。先別妄下評斷，而是應該嘗試瞭解對方與自己。你不必非得指責或讚美對方，單純試著認識對方就好。不要定義對方，

每日箴言

與別人相處時，留意自己使用的語言。你可以從「我……」的說話方式著手，試著定義自己的經驗，而不是以「你……」為開頭，這種說話方式帶有評斷別人的意味。

也不要多管閒事地給予建議，因爲這類評論聽在對方耳裡可能是一種迫害，不論你出於多大的善意。如果你可以不語帶批判地表達不滿，別人也許就會耐心聆聽，而不將那些話視爲一種攻擊，如此一來你便能與對方共同找出解決方法，而不讓場面變得難堪。

第二，倘若我們太執著於導正別人的生活，就是在扮演拯救者的角色。當我們替別人做他們有能力做到的事情，便是進入了拯救者的模式。對方可能會覺得我們把他們當作小孩一樣看待，不讓他們自理，並且推開他們，而不是將他們拉近。我發現男性特別容易做出這種行爲。在我們的文化裡，男人與男孩備受推崇，猶如身穿耀眼盔甲的英勇騎士，而女人與女孩則被貶低爲需要被拯救的落難女子，因此人們很容易理所當然地認爲解決問題是男性的責任。然而，不是這樣的。不要試圖追求完美，做自己就夠了。

第三，你扮演受害者時，就等於交出了自己的力量。請試著在自己扮演烈士有所意識，並停止扮演這種角色。如果你允許自己被別人牽著鼻子走，以後就會心懷怨恨；倘若你不這麼做，未來就不會有那種感受。有人如此形容怨恨的情緒：「心懷怨恨就像自己喝下了毒藥，然後期待敵人死去。」眞正的受害者是徬徨無助的，他們無法爲自己的困境負責。扮演受害者與此不同——你可以爲自己的困境負責，卻選擇不這麼做。

即使有人瞧不起你，你也不必扮演受其迫害的角色。遭人羞辱時，我可以透過以下方式來緩解氣氛，而不是與對方爭吵。例如，面對「你眞笨」的這種羞辱，我可以回應「噢，謝謝你讓我知道你覺得我笨。」換言之，我不認同也不反駁對方說的話，而是讓對方知道我收到了訊息。重複對方說的話，不忽視對方，這種做法能緩和局面。我也認爲這麼做的同時，也是在把情緒丟回給對方，因爲這能讓我感覺對方的言論是針對他們本身，而未必是針對我。

不論別人令你感到多麼不快，承認別人的感受都是解決歧異的一個重要步驟。試著不要與對方針鋒相對，而是順其自然，並用言語描述對方的所作所爲。感覺別人聽得到自己說話，就不必大聲喊叫。回到前述的案例，如果當事人的妻子說

「醫生幫不了我」，身為丈夫的當事人不必與她爭辯。假使立刻反駁，可能會激起雙方的怒火，沒什麼機會可以解決問題。相反地，倘若當事人如此回應：「噢，你覺得醫生幫不了你」，他們就能建立共識，互相感覺被看見與獲得理解，便可以開始共同商討解決辦法。雙方都認同她相信醫生幫不上忙之後，當事人可以說：「如果你願意再給醫生一次機會，我就不會這麼焦慮了。」對他的妻子而言，這種表達方式帶來的感受不同於帶有挑釁意味的「你應該……」的說話方式，因為他是在定義自己，並且對自己的回應負責，而不是把錯怪在妻子身上。如果關係中的某一方踏出了坦誠以對的那一步，另一方通常也會跟著這麼做。

爭論點#6：衝突迴避者

所謂的妥協，並不是完全同意別人的看法，這麼做會導致怨恨，以及關係的斷絕。如果完全避免衝突、不去談論問題，也從不表達看法，一段關係便會萎縮，因為當許多話題都成了禁忌，就表示大家可以談論的事情變得越來越少，而潛藏在每個人心中孤獨的那一塊依舊未被看見。除非大家坦然面對彼此的差異，否則這段關係將會消失。我不是說你應該緊抓某些衝突不放（如果你懷抱怨恨，最好別再糾結），但以夫妻為例，假設妻子對丈夫做的任何事與說的任何話照單全收，並且壓抑自己的感受，家庭或許能維持和樂，但最終她將感到孤立與受人忽視。對爭執的恐懼可能會導致親密感的減弱，並且讓人感到痛苦。若想避開這種處境，你應該像本書第一章所說的那樣劃定界線，另一個關鍵是，充分感受自己的情緒，即使你未必得對此做出反應。

我們來看下一個例子，這位男性讀者發現妻子出軌後，來信求助。

前妻開始外遇後，我和她六年的婚姻便走到了盡頭。我從夫妻諮商的過程中瞭解到，我們的大寶開始上學後，妻子受到了學校裡其他學生爸爸的關注。她春心蕩漾，但也意識到自己處於一夫一妻制的關係中，因此不能回應別人的愛意。她開始怨恨我和我們的婚姻——與其說她想要另一段感情，不如說她想體驗一段新關係帶來的快感。她迷戀上了一位人父，兩人展開了婚外情。我們做過夫妻諮商與個人諮商，過沒多久，前妻感覺自己受到了「批判」，於是不再參加療程。我對我們的婚姻破裂感到難過，她說她能夠體會我的心情，但之後又指責我在對她「情緒勒索」（Emotional blackmail）。

為了孩子著想，我們一直和平共處。我不想成為一個怨天尤人的前夫，但我隱忍了許多憤怒，她的所作所為不只對我，也對她現在伴侶的前任、她的父母、我們的孩子及朋友造成了巨大的創傷。但我壓抑了這些怒火，甚至對自己的憤怒感到愧疚。諮商師就這一點對我提出質疑，甚至表示：「我聽到的都是你如何理解對方，但你為什麼不發脾氣呢？」我的前妻說她必須做自己、忠於自己的感受，她說她盡力了，她只是個平凡人。

我感受到的憤怒，其實是無法讓事情順從自己心意的怒氣。這種想法讓我感到震驚，所以我壓抑它。當你對自己的感受感到愧疚（更別說是表達了）並因此而憤憤不平，會怎麼做？

對許多人——包括這位男性在內——來說，憤怒等同於「壞情緒」。人們經常將憤怒與「發脾氣」連結在一起，認爲發脾氣就是幼稚、無法控制衝動或自以爲優越的表現。很多人被大吼時會感到害怕，在這種情況下，我們聽不進那些話，只會注意到其中的怒火，內心也警鈴大作。我們會感到震驚、腎上腺素飆升，彷彿不只遭受了言語暴力，身體也遭到了毆打似的。沒有任何人遭人大吼時會感到安全無懼，因此我們在這種情況下無法敞開心胸談論自身感受。當你覺得自己受到了攻擊，自然會想要反擊。

憤怒一直以來都飽受批評，但令人厭惡的不是這種情緒本身，而是有時隨之而來的破壞性或令人恐懼的行爲。大人經常讓孩子覺得生氣、難過或者有任何負面情緒是不對的。其實，大人眞正反對的是孩子生氣時所表現的行爲：大吼大叫、拳打腳踢、鬧脾氣。與寶寶或學步幼兒密切相處的人都知道，這個階段的孩子不一定擅長用言語描述自己的感受，但非常懂得展現情緒：他們會咬東西、尖叫、躺在地上不動與握拳亂揮，而且通常會試圖避開自己不喜歡的情況。寶寶把玩具丟出嬰兒車時，顯然是在努力表達自己的感受。

孩子的感受有時會讓我們覺得困擾，但我們必須克制自己不去質疑他們的感受或評斷他們的那些感受很可笑，因爲我們希望孩子快樂，如果他們不快樂，可能會覺得自己讓人失望。這意味著，如果他們認爲自己不會被認眞看待，就會更不願意向我們傾訴心事。我們若急著要他們平靜下來，可能會使他們覺得，如果自己有不安的情緒或奇怪的想法，就不能讓大人感到滿意，也會讓他們認為找不到出口可以排解這些情緒或想法。倘若我們否定了他們的感受並教他們壓抑這種感受，就等於害了他們。我不是說大人不應該包容孩子的感受或安撫他們，也不認為我們的行為應該受他們的感受所支配。我的意思是，我們需要承認那些感受，並予以認眞看待。我們認可孩子感受的同時，也在教導他們以同理心去看待別人的主觀經驗，幫助他們學習接受每個人會有不同感受的事實。

如果孩子缺乏這種經驗，長大後可能會不知道如何表達感受，因為他們從小就被教導有那種感受是不被接受且幼稚的，就如同上述例子中的那位丈夫（從他的敘述可推知他的成長過程似乎是如此）。假使他長大後有在旁人協助下學會適當表達憤怒，現在就不會不知道如何面對自己的感受了。

假使從來都沒有人為你示範如何處理憤怒的感受，那麼現在開始學習，永遠都不嫌晚。重點不是透過尖叫或攻擊令你憤怒的對象，而是以言語表達憤怒。將感受化作言語，正是心理治療中所謂的「處理感受」。當你可以平靜地談論自己的感受，就表示你可以控制它，而不是被它所控制。倘若我們不養成以言語表達感受的習慣，將會繼續透過肢體發洩自己的感受，或痛苦地壓抑感受、讓自己遍體鱗傷。

憤怒的能量通常源自於過去，而不是現在。對於這一點有所意識，有一部分即代表你在任何衝突情況下尊重自己的感受。你面對別人的指責時也許會勃然大怒，這種憤怒是你過去受人自視甚高地指教或遭到操縱時所產生的反應，而不只是面對當下情況才出現的反應。在上述例子中，那位丈夫就像是把憤怒裝在一個盒子裡，並緊緊蓋上蓋子。他也許擔心一旦打開蓋子，裡面的憤怒就會一發不可收拾。但是，這麼做令他感到難受（從他的敘述聽來，這似乎不斷消耗了他的內在），而且無法持久。他必須自救，每次都發洩一點怒氣。

憤怒管理指的是有能力表達憤怒與控制憤怒。許多人都學會麻木情緒，因爲有所感受往往意味著某些時候會感到痛苦。問題是，我們無法不去感受傷害與痛苦，而只感受快樂。你抑制了一種感受，其他所有的感受也會受到抑制。事情不如意時，你難免會感到心煩意亂。你有權利去感受情緒；你沒有權利利用它去傷害任何人，但這並不表示你需要將它留在心中，任由它傷害你。你也不必告訴自己沒有權利感到憤怒，讓自己在憤怒之餘還多了罪惡感，這只是徒增負擔而已。

如果你對某種情況或某個人感到憤怒，但無法平靜地說出口，那就找個軟墊猛捶一頓或大聲尖叫，盡情發洩吧！你可能需要找一個可以讓自己放聲大叫的地方，並且找一個能夠同理你的處境並適時鼓勵你的人在旁見證。我曾經到一片原野對著一棵無辜的樹大叫：樹木不介意被我吼，而且這麼做眞的有幫助。你也可以寫一封信，描述自己爲什麼這麼生氣。列出每一個你覺得不公平的地方，說說爲何你覺得不公平、爲何這不是你的錯，說說你有多憤怒，但不要寄出。拿打火機燒了這封信，然後看著灰燼隨風散去。你也許得連續一個月每天都寫一封信才能發洩怒氣，但是透過文字來處理感受是件好事。你也可以去拳擊館，把怒氣都發洩在沙包上。找一個安全的地方好好洩憤，下次動怒時再來一次。沒關係的，你會控制好情緒，你可以一次發洩一點怒氣。

唯有當你給自己空間去充分感知自己的感受，才有辦法平靜地向他人描述自己如何及爲何感到憤怒，以及敞開心胸接納其他觀點。例子中的那位丈夫有權利表達自己有多憤怒，就跟他的前妻相信自己有權利順從內心的感受一樣。但願我有成功說服他相信，生氣並不幼稚，而是可以透過不令人恐懼卻又堅定的方式去表達憤怒。

爭論點#7：無法克制衝動的時候

我們或許非常善於處理與管理自身感受，但有時會無法克制情緒而做出令自己懊惱的行爲或說出一些無心的話。到目前爲止來信的讀者當中，最年幼的是一位九歲男童，他在母親的協助下提筆寫信給我。我非常欣賞他們分別寫信給我，以及他的母親沒有私下跟我串通的這種做法。這需要誠實與坦誠才做得到。

不久前我兒子在學校弄傷了一個朋友。是老師制止他，他才住手。他的那個朋友已經釋懷，不但原諒他，甚至還邀請他參加生日派對，但我兒子還沒走出陰影，因為他仍對此感到難過和焦慮。那不是他會做的事，他也不知道怎麼解釋自己為何那麼做。

以下是我兒子想對您說的話：我是一個九歲的男孩。幾個月前，我用力掐朋友的脖子，讓他受傷了。我不知道自己為什麼這麼做。可能是我太累了。現在我非常後悔，幾乎每天都覺得內疚。我跟他道歉之後又說了好多次對不起。那個受傷的男孩很快就原諒我了，但我好像沒辦法原諒自己。更糟糕的是，我沒有宗教信仰，不能祈求上帝原諒。事情發生後，我很痛苦，也很少說話，但那些感覺都悶在心裡。有時候我想起這件事，就會胃痛。我寫這封信，是希望您能教我怎麼繼續過生活。

擁有寬恕力量的全能上帝可以讓事情變得簡單，但許多人沒有宗教信仰，因此需要尋求更多意見。如同我向許多遇到類似問題的其他讀者提供的建議，我告訴他，沒有任何人時時刻刻都是好人。羞恥與愧疚儘管令人不安，卻是好的感受，因為它們可以提醒我們不要再犯同樣的錯誤。嘗試過後，假如結果一團糟，我們就知道以後不該那麼做了。

雖然人類只有一個大腦，但我們可以想像自己有兩個大腦：一個是動物腦，一個是推理腦。緊急情況下，譬如沒有左右查看就走上馬路時，動物腦會在我們被公車撞上之前促使我們立刻回到人行道上。我們不能沒有動物腦，因為有時我們需要立即採取行動。嬰幼兒時期，我們幾乎都受動物腦支配，長大後才慢慢學會大腦何時該進入動物模式，何時進入推理模式。有時，動物腦會比我們本身更管用。我們會對什麼時候為了生存而需要立即採取緊急措施，以及什麼時候需要三思而後行感到困惑。孩子擁有犯這些錯誤的空間。錯誤能夠幫助我們習取教訓，這也是爲什麼我們還小的時候，大人會照顧我們，因爲他們預期我們會不小心犯錯。案例中的男孩與他的朋友之所以和好，是因爲老師出面制止，而男孩也住手了。老師提醒他時，他立刻明白自己沒有必要傷害朋友。我認爲這就是一種成功。我並不擔心這個孩子，因爲我認爲他的老師與母親會繼續幫助他瞭解，什麼時候不該受動物腦支配，什麼時候該由動物腦作主。

這個男孩在信中說他「太累了」，我猜想這個理由是他從大人那兒學來的，因爲事情比表面上來得複雜時，成年人總愛用這個說法帶過。或者，他感受到壓力，而唯一可以表達或消除壓力的方式，就是掐朋友的脖子。在我們的動物腦認爲感受達到緊急程度之前，透過言語表達出來是個好方法。這麼做不容易，但說出感受可以釋放壓力。

由這個男孩的故事也可看出，要原諒自己做了懊悔不已的事情非常困難。我們是人，人會犯錯，而這

每日箴言

開口表達感受之前，不必搞清楚所有事──有時我們要與別人對話才能理清自身的感受或狀況。

正是我們學習的方式。即使是成年人，有時也會在不適當的時候受動物腦控制。不是每個人生來就能學會控制衝動。關鍵是專注於培養下列這些方面所需的技能：忍受挫折、靈活適應、解決問題，以及學習從他人視角去看待與感受事情。有些人天生就能在成長過程中掌握這些技能，有些人則需要在成年後特別學習。學習如何深思再回應而不是直接做出反應，是一個需要練習與耐心、有時還需專業協助的緩慢過程。建立大腦必要的新路徑，就跟在健身房鍛鍊肌肉一樣，都需要時間的累積。

如果你注意到自己在爭執過後感到擔憂與苦惱，不要沉溺於憂慮之中，而應該讓一部分的自我跳脫出來，從別的角度看待自己的憂慮。這部分的自我——即推理腦——可以告訴擔憂的你，你難免會感到苦惱與愧疚，但你沒有必要這麼做。你可以大吼大叫，宣洩這些感受（找一棵樹，或一個善解人意且願意當你的出氣筒的人）。

關於擔憂與苦惱，我還有一點要提醒你。想法（thoughts）與思想（thinking）並不相同。你一天可能會有數千個想法，但若緊抓著一個想法不放，那就成了思想；也就是說，是你滋養了它。因此，請擇善固執，其他的想法就讓它們隨風飄散吧！

如此一來，你才能開始控制焦慮。

堅定立場

人們常說「重點不是你說了什麼，而是你怎麼說」，是有原因的。因爲這是十分常見的現象。謹慎看待溝通方式的好處是，你能夠掌握這件事。你控制的不是他人的舉動或行爲，而是自己選擇如何與他人談論其舉動或行爲。

如何在嚴謹與挑釁，以及隨和與放肆之間取得平衡，是我們在專業性談話與人際關係中特別容易遇到的問題。對自己的回應負責並理清自己在關係中的角色，與當個濫好人有所不同。我們來看看下面這位患有衝突恐懼症的女總裁的例子。

> 我的事業面臨危機。每天早上我的內心都很沉重，我感覺被壓得喘不過氣，力不從心。做每件事都像在打仗，只求過關就好，第二天又得重來一次，不斷重複令人厭煩的一切。

我覺得自己名不符實。這可能是家庭的影響。我經營一家大型企業。我覺得自己會成功全靠運氣，我不知道如何管理人才，我天生就不是這個領域的領導者。我希望讓別人「心甘情願地」做事。我從不「命令」別人，總是表現出幾近懇求的態度，低聲下氣地對別人說「拜託，拜託，你能否……。」這讓我感到精疲力竭。我認為自己運籌帷幄的能力不差，在這方面我還行，問題在於其他方面。

我人生有大半時間都在擔心自己是不是惹惱了別人，有沒有說錯話或被人誤解，還有是否能討好誰誰誰，搞得自己心力交瘁。我想，這一直是我的人生哲學。我並不認為這是一個成功的終身策略，但我似乎別無選擇。我覺得自己好像長不大的孩子。我向高階主管教練求助過，但不見起色。

如果我們過分討好他人，可能會造成反效果，因爲有些人覺得受到過度吹捧是一種困擾。當我們爲了取悅他人而卑躬屈膝，往往會在過程中失去底氣與智慧。雖然如此，假如不願意或無法考慮他人的感受或想法，也不是件好事。

想在頤指氣使與低聲下氣之間達到平衡，一個簡單的方法是想想若立場對調，你會希望別人怎麼向你提出請求。你一定不希望別人吞吞吐吐，搞得你不知道這件事情到底重不重要；也不會希望別人一副高傲的樣子，彷彿你是別無選擇或沒有自我意志的機器人或奴隸。試著進行更直接的溝通。要做到這一點，請照前述那樣採取「我……」的說話方式。因此，請不要說「你每次開會都遲到」，而是說「如果你讓客戶等，我們就談不成生意了。我需要你提早五分鐘來開會。」這種說話方式一般會先陳述某種行爲的後果，接著表達你希望對方怎麼做。

如果你需要請某人做某件事，可以提出幾個選項供對方選擇。這項策略在工作以外的方面也管用。假如你向員工說：「今天下班前，我需要跟你談談這件事。你方便當面還是透過電話談？」，而不是「我們找個時間談這件事」或以懇求的語氣說「也許等你有空時我們來聊一下」。你要做的不是讓對方覺得談話不一定會發生，而是讓對方選擇如何透過更自在的方式進行談話。

身爲女性的煩惱是，我們經常在成長背景與所處文化下被訓練得討人喜歡，而不是堅定有主見。這點從我們談論自己、與自己對話及與他人對話的方式最明顯可見。回到前述的例子，若想展現堅定的態度，就應該改變說話方式，不要說「我覺得自己運籌帷幄的能力不差，在這方面我還行，問題在於其他方面」，而要說「運籌帷幄是我的強項」。練習在頤指氣使與低聲下氣之間達到平衡的同時，你會感覺自己更像個大人。如果你跟案例中的女總裁一樣也深受「冒名頂替症候群」（impostor syndrome）所苦，這個方法將有助於減輕你的自我懷疑。設法與他人互相尊重，而不是一味取悅他人，如此也能為你與對方帶來更好的感受。頂尖的領袖並非擅長支配下屬，而是在做決策時懂得傾聽、尊重與考慮下屬意見。

如同本章提供的其他建議（說話時一律以「我」開頭而不是「你」，避免使用「應該」與「必須」這類的詞彙，跳脫「我對你錯」的遊戲等），上述那些能幫助你解決同事之間衝突的策略，大多也適用於你與婆婆／岳母或配偶、摯友或孫子女之間的對話。人畢竟是人。學習堅定自信，對生活的每一個面向都有幫助。

到此結束

到目前為止，本章都在講述如何幫助一段關係度過難關。但有時候，衝突並不值得你費心解決，因為有些關係不值得挽回，你最好頭也不回地轉身離開。結束一段關係，很少像許多人想的那樣具有殺傷力，而且或許是向前走的最佳途徑（除非你經常結束一段關係，如果是這樣，你可以考慮好好檢視這種模式）。在與伴侶分手這件事上，多數人都知道這一點，但我認爲大家也應該謹記，分手不只限於戀愛關係——在任何關係中，我們都可以將自己的幸福擺在第一位，即便那意味著關係的終止。你提出分手，也許會讓對方感到失望，但若彼此間存在無法化解的歧異，這段關係也走不下去。不是每個人都注定永遠留在我們的生命裡，若你認知了這一點並採取行動，不失爲一件好事。

下面這位受朋友邀請擔任伴娘的年輕女子就是一個例子。

她訂婚五年了。受新冠疫情影響，她婚禮的所有事都得二度重新安排，如今日期定在明年。

之前她訂婚時，我是她少數幾個閨蜜之一。我們從少女時期就認識，常常一起喝酒和跑派對。她開始上班後，變得理智與野心勃勃，之後認識了她現在的未婚夫，安頓了下來。我則是上了大學，交了許多朋友，開始與她漸行漸遠。四年多前，她邀請我當她的伴娘，我覺得這是因為當時她身邊沒有什麼人選。

從那時起，我們的友情便持續轉淡。平日晚上我約她吃飯，她都說要加班沒空，而且不像以前那樣願意週末出門聚會。我一年大概會去她家小聚兩次。她跟我討論婚禮計畫，簡單問候彼此近況，之後我就離開了。我們曾有好幾個月沒聯絡。我們沒有任何共同興趣，也沒有共同好友。我從來沒見過她的未婚夫。不管是我或她，都沒有真正花時間經營彼此的友情。遺憾的是，她非常在乎要有一個完美的婚禮，這也是我們意見分歧的另一件事。現在讓我進退兩難的是：我的工作薪水很少，沒有錢參加她在國外辦的四天單身派對。我想推卸責任。我不想參加她在國外辦的單身派對，不想當伴娘，甚至不想參加她的婚禮。朋友對我說，就去吧！才幾天而已，忍忍就過了。但是，我從來沒有像現在這麼想要逃避過。

我們都遇過有些人只想用他們的方式與我們相處——約聚會時總挑適合他們的時間與地點。他們不像我們那樣投入這段關係，卻又期望我們繼續爲他們盡心盡力。在這個例子中，這位年輕女子承受著朋友希望她當個完美伴娘的期待，而這個期待讓她的生活被恐懼所籠罩。如果她從這件事抽身，不只能省下出國的花費與數天的假期，還能讓自己提前幾個月擺脫這股恐懼。當「壞人」的感覺糟透了，而抽身的過程也令人不快，但不必假裝自己樂在其中的如釋重負將能彌補這些感受。

換作是我，我會這樣寫信給那位準新娘：

親愛的某某某，眞的很抱歉，我知道好幾年前我答應要當你的伴娘，當一個會信守承諾的好人，但隨著你的婚禮即將到來，我發覺自己並不想當伴娘、不想參加你的單身派對，甚至不想參加婚禮。我明白，我選擇退出，不是好朋友會做的事，我很抱歉。只不過，問題不只是我負擔不起也沒有時間出國參加派對，更在於我不想參加。我沒辦法人到現場做做樣子，也不想害你的大喜之日因爲我無精打采而壞了興致。祝你婚禮一切順利，對不起。

某某某筆。

某個曾經對我們舉足輕重的人如今與我們形同陌路，這種情況讓人難以接受，但這是有可能發生的。如果你需要得到允許才有辦法與那個使你生活充滿恐懼的某人斷絕聯繫，那麼我同意你這麼做。你不需要幫自己找藉口，你所感受到的恐懼就足以作爲理由。對方很可能不這麼認爲，並且因此傷透了心。但無論如何，總有一方會受

每日箴言

有時候，做自己意味著不當自己期望中的好人。如果這麼做讓你有罪惡感，請記住，感到罪惡總比怨恨來得好。

傷——可能是承受恐懼的你，也可能是傷心失望的他/她。請放自己一馬，也放過那個會對你情緒勒索而讓你感到恐懼的人。

關係的破裂與修復

如果你感覺遭人背叛或信任遭到粉碎，可能會很難原諒那個傷害你的人，放下隨之而來的怨恨。接下來的故事就是一個例子。來信的這位婦女已婚四十年，發現丈夫有段三十年的婚外情而深受打擊。

我誤拿了他的手機，發現有陌生女子寄來的一封簡訊。他一直以來都與她互傳訊息、安排約會，字裡行間充滿了深情與愛意。我質問他，他告訴我他們在三十年前交往過五年。他說，他因為感到罪惡而結束了這段感情，儘管這傷透了那個女人的心。他發誓他從沒想過要離開我。後來他們恢復聯絡，但只有純友誼，沒有親密關係。

他有時會去找她，但否認有發生任何肉體關係，堅稱不管是他或那個女人都無意破壞我們的婚姻。我傷心欲絕。我發現他居然有我從來都不知道的一面。他堅稱那只是友誼，但他在簡訊中對她示愛，「我愛你」這句話他已經好多年都沒對我說過了。

結婚多年的我們有很長一段時間都沒有肢體接觸了。我一直以為他只是不喜歡這件事，但即使在我發現真相後心如刀割的這幾個禮拜，他也從沒擁抱過我。我曾告訴他，愛撫可以帶給我慰藉，但現在這似乎是不可能的事。

我感覺這段婚外情從我們的婚姻中奪走了很多東西。他也有同感，不斷向我道歉。我們都七十幾歲了，有兒有孫。一想到結束這段婚姻會對家人造成壓力，我痛苦萬分。我們同意試圖修復彼此的感情，但一部分的我暗想，繼續跟一個長久以來在性與感情上背叛我的人在一起，我是不是瘋了？我的心情還沒有平復過來。我是不是太傻、太軟弱，也太可悲了？夫妻之間遇到這種情況還有辦法重修舊好嗎？

這裡必須強調，我認為她的問題不在於是否應該離婚，而是他們有沒有可能重修舊好。首先我要澄清，她不傻，也並不軟弱或可悲。是的，有些遇到類似狀況的夫妻確實能重修舊好，但這感覺就像登上聖母峰一樣地困難。有時遭到背叛的一方會得到創傷後壓力症候群（posttraumatic stress disorder; PTSD），因爲他／她的情緒健康面臨了威脅，安全感受到了損害。

如果不徹底釐清關係中存在哪些問題（或許得尋求伴侶諮商），就難以在對方有婚外情的狀況下劃清界線。作爲遭到背叛的一方，這位婦女將需要走出丈夫外遇所帶來的創傷及過去每一次她對自己的直覺與現實感所存有的懷疑。她將需要很長一段日子來療傷，而對她的丈夫來說，要走出來也需要一段時間。但重點是，他們要有共識繼續維持這段婚姻。他們可以彼此協議只在諮商與其他特別安排的時刻才進行這些深入的討論，以免雙方壓力過大，同時也確保這些必要的對話有架構可循，以及有資源可求助。

兩個人在一段關係中經歷感情破裂的時刻（無論是愛情、友情或親情），若想重修舊好，可能必須學習透過新的方式溝通與相處。他們也許得找到新方法來處理衝突及建立互信。最重要的是，他們將需要主動互相開誠布公與表達包含憤怒在內的情緒、渴望與想法，才能重新培養彼此間的親密與溫暖。他們需要利用不同於以往的方式將焦點從關係中的問題轉移至彼此契合的地方——也就是那些相愛的片段。他們需要養成習慣，在開始抱怨之前，先向對方展現愛意。而奇妙的是，我們決定展現愛意與寬恕的同時，也會感覺更深愛對方。感覺因行爲而生。這是需要練習的。親密的對話可使雙方對感情有共識，而這正是任何關係的基礎。

導致關係破裂的一方可能也一樣不好過。下面這封信寄自一位男性讀者，他定居國外，如今與女兒關係疏遠。

> 我是一個六十八歲的失婚男人。十五年前，我離開英國到外地生活。當時我的女兒二十一歲，已經讀完大學，住在她媽媽住處附近的分租公寓。對我來說，到國外發展是正確的選擇，也為我的職業生涯帶來了許多成就。我創辦了幾家生意興隆的公司與一個國際慈善機構——現在由我負責管理。自從離開英國後，我的私人生活也變得多采多姿，還找到了第二春。
>
> 我搬走時，與女兒處得並不融洽，因為她跟她媽媽站在同一陣線。我很沮喪，因為我在英國的生活不順利，而前妻也有精神方面的問題，有時無法陪在女兒身邊。因此，我決定搬出去時並沒有讓她知道，而是在離開的前一個星期、行李都打包好了才跟她說。如今回想起來，我非常後悔當初是用這種方式告訴她的。我必須

遺憾地說，我們從來沒有和好過，這是我一生中最大的遺憾。

我想，我和女兒之所以疏遠，並不是因為我搬到國外生活，而是我沒有提前告訴她。這件事我處理得很糟，對她和對我自己都造成了可怕的後果。我猜她可能覺得自己被我拋棄了，但她從來都不接我的電話，所以我也不知道她真正的想法是什麼。

我熱愛現在的生活，但對女兒的缺席感到遺憾。我深愛著她。我不知道該如何面對這種我和她之間的疏離，這個問題正一點一滴地侵蝕著我。我覺得她把我從她的人生中抹除了。我的伴侶認為我應該試著與她重新聯絡，但我不知道該怎麼做，每過一年，這件事感覺更不可能做到了。

這個男人無法與愛女見面，實在令人遺憾。儘管他擁有成功的生活，但對他而言，父女互不往來顯然令他心痛不已。

沒有一種特定的溝通型態或衝突類型會導致關係的疏遠。以感情破裂而言，關係中各方認定的原因往往天差地遠。舉例來說，我常聽到爲人父母說，他們與孩子之所以感情不好，一定是因爲離婚或前夫/前妻在孩子面前說他們的壞話，但孩子成年後對此經常表示原因在於父母的虐待與忽視，或者感覺自己被父母忽略、否定或當作不重要的存在。

雖然這個男人的女兒可能不喜歡他宣布移居國外的方式（或許她希望他在考慮這件事的期間就告訴她，或是希望他更關心她與她的生活一點），但這不太可能是她至今仍不願與父親聯絡的原因。由於關係的疏遠通常發生在某起事件之後，例如父母宣告離婚（或是──就這個例子而言──宣布移居國外），我們往往認為這就是感情破裂的原因，但單一事件很少是主因。眞正的原因通常是關係中累積了許多問題，以及另一方經歷、解讀與看待這些問題的方式。

假如我是這個男人（或者面臨我愛的人決定與我斷絕聯繫的狀況），我會寫信或親口向女兒表達我對彼此關係疏遠感到的悲傷。我會說，我希望試著從她的角度理解現狀，並請她幫助我理解她這段時間以來的感受，以及她如何解讀那些感受。如果她願意回覆，我會嘗試探究所有導致她走到這一步的那些事件與感受。然後，我會重複她對我說的事情，確保她知道我有在聆聽且坦誠以對。任何的防衛都將重新點燃她的憤怒，這麼做對這個男人並不利。

選擇秉持正確的看法，不是修復感情裂痕的最佳方式。最好的方法是聆聽、理解，並展現你的理解。當你試圖和好的那個對象感覺自己獲得理解了，之後——只有在你做到了前面那一點，而且他們也想瞭解你的前提下——你再向對方述說自己的經驗，述說哪些事情讓你感到後悔、哪些事情讓你感到值得。不論對方是否認同，我都會向對方保證，我始終把他／她放在心上。假使我比對方先離開人世，而他／她在我心中舉足輕重（顯然就跟這個男人的女兒在他心中的地位一樣），我會把我的生活日誌、財產與遺囑留給他／她。

關係中出現裂痕時，試圖修復永遠都不嫌晚。沒有任何行動百分之百有效，但我們可以勇敢嘗試，可以打開那扇門。也許，什麼事都不會發生，但如果我們一直待在門的另一邊，關係就更不可能有所改變。

人有千百種，爭執的方式也是。本章提供這些案例研究不是要你依樣畫葫蘆，因爲每一段關係各不相同，每一起爭執也是如此。

然而，我希望在這裡指出一些常見的爭執模式，能夠幫助你認清你與他人進行溝通與互相理解的方式到底適不適合你自己。如果不適合，我希望本章能讓你在改變做法方面有一些想法。我們的目標不是避免爭執或每次都吵贏對方，而是促進關係、達到相互理解與妥協，最終形成更加穩固與眞實可靠的關係。

3.

如何改變

設法開創新局，不論是好或壞

我們會用日常作息來騙自己相信，生活可以止步不前或「永遠」不變，但現實是，生活只有一件事不變，那就是改變。嬰兒變成孩童，孩童長大成人，成年人再步入晚年，然後生命結束。不論你的人生軌跡爲何，改變是沒有例外的通則。

心智健康的人能夠接受這個事實，並依此去適應自己與旁人的生活。但這不會使改變這件事變得總是容易讓人接受或付諸行動。有時我們會害怕改變，而且無法停止改變；有時我們渴望改變，卻不知道如何實現。尋求改變的動機可能是人生卡關，也可能是希望破除舊習慣並建立新習慣。

本章旨在幫助你坦誠面對改變，瞭解自己對改變抱持什麼樣的態度。這有助你發覺自己是否希望改變，以及你希望做出什麼改變，並建議你可以如何實踐。最重要的是，我希望本章能賦予你信心與肯定、幫助你開創新局與探索未知。

如何擺脫困境

我收到許多讀者來信傾訴別人的行爲有多惡劣，以及那他們的生活因此變得多糟糕，並且問我該如何面對那些討厭的人。我的回答往往令讀者失望，因爲我說，如果希望事情有所改變，就必須從自己做起。我們必須有一定的自覺，知道自己的感受與行爲因何而生。

例如，你可以花點時間注意自己的呼吸。你意識到自己呼吸的方式時，也許會放慢速度，而當你放慢了呼吸速度，便可能會感覺比較平靜。這個原則也適用於除了呼吸之外的許多事。當你對自己如何組織身體、想法、信念系統，以及如何影響他人與受他人影響時，你才有辦法做出改變。想做出可以改善生活的突破，是需要時間、思考與練習的。

我們希望事情有所不同時，往往會希望那種改變發生在自己以外的地方——希望那能以救世主的形式出現，譬如白馬王子；希望中樂透；或希望對自己至關重要的人能有性格上的轉變。會有這種心態是很正常的，但並不代表這是可行的方法。下面這位男性讀者感覺自己擺脫不了過去，對昔日情人念念不忘，遲遲無法展開新生活。他發現把自己的感受怪罪於別人比較輕鬆，而不是探究自己在那些感受中扮演的角色。

四十年前，我高中畢業、開始上大學的時候，與一位年輕女子談了一段掏心掏肺的感情。她拖了很久才結束這段關係，讓我身心俱疲。我徹底崩潰，身邊的親朋好友幾乎都不知道這件事。我跌跌撞撞地完成了學業，繼續生活，但失去她的傷痛始終揮之不去。我失去了原本大有可為的學術生涯，一直無法忘懷「本該擁有的一切」。順帶一提，我的前女友後來在學術界取得了輝煌的成就。幾十年來，我一直陸陸續續接受憂鬱症的治療。

三十年前，我遇到了現在的妻子。我們幸福美滿，有兩個很棒的孩子——她是一個很棒的母親。一年前，前女友與我聯絡，帶來了巨大的危機。我一直與她保持聯絡，但沒有約出去見面。不過，這讓我得以處理四十年前的問題，如今我的狀態也好了很多。

另一方面，我的妻子卻深信她在我心目中只排到第二位。我有向她承諾，只要我與舊愛有傳任何簡訊或電子郵件，都會讓她知道。雖然很困難，但我每次都這麼做。我與舊愛的任何聯繫都讓她心煩意亂，我也感覺她有在偷偷監視我。我很少主動聯絡。前女友看起來並沒有想跟我進一步發展；她目前單身，堅定表示不願意當狐狸精。我想與她維持友好；她是我在那段時期認識的人當中唯一到現在還有聯絡的人。面對過去的創傷並與她建立新關係，對我來說非常有幫助。但是，妻子的反應讓我無法承受。假使我與前女友斷絕往來，我將再次失去我至今仍然喜歡的人。

如果我是這個男人的妻子，聽到他說他將老朋友視爲「舊愛」，一定無法感到安心。但除此之外，聽起來他沒有要爲自己在目前的人生處境中所扮演的角色或自己的任何行爲負責。他似乎把自己的感受與遭遇都怪罪給身旁的人，彷彿他對一切都無能爲力。他對自己不會再與前女友重燃舊情的唯一保證是，**對方**不願意當狐狸精。這就好像他認爲自己沒有任何自主性。他需要捫心自問，想想自己爲什麼會走到這一步，而不是把自己當作任憑前女友與現任妻子丟來丟去的沙灘球。

我發現，人們面臨生活中的難關時往往不知道自己握有選擇權，可以決定要如何回應這個世界。他們覺得人生就是會遇到一些事情，不必對自己的作爲與不作爲，以及隨之而來的後果負起責任。彷彿他們困在人生這輛車的後座，對於駕駛沒有載他們到他們想去的地方感到不滿。沒錯，有時好事莫名其妙就發生了，像是中樂透（前提是有買彩券），或是在對的時間與對的地點就這樣迎來了好運。有時事情取決於運氣，像是出生在第一世界的發達國家或接受一流教育，但雖然如此，我們不能全憑運氣。

某些特定經歷會使我們發展出受害者的心態，然後這種心態會成爲個性的一部分，但這是我們對所處環境的調適，是可以改變的。過往經歷有可能使我們變得過分警戒，認爲每次的情況都衝著我們而來，進而加深對他人與對自己的人生的負面看法。

進入受害者模式的指標之一，是就手邊的任何解決方法列出一連串不可行的原因，好讓試圖向你伸出援手的人感到困惑或沮喪。當個受害者沒有任何好處，但受困於受害者模式有，例如不必對自己的遭遇負責，以及把所有壞事都怪在別人頭上。這種時候，我們可以謹記，雖然我們無須對別人的行爲負責，但必須對自己的反應負責。我們可以改變自己的回應、優先要務、信仰系統。我想起曾在二戰期間待過集中營的奧地利精神分析師維克多・法蘭克（Viktor Frankl）。即便在最無助的時候，他依舊明白自己有能力控制自己的內心，以及他引導內心前進的方向。他有能力尋找人生意義、控制自己接受哪些想法，而不是讓別人入侵他的腦袋。

如果我們將自己的感受或生活中發生的事都怪罪於他人，繼續將目前的處境歸咎於自己運氣不好，就不會勇敢面對自己讓人生卡關的眞正原因，並依舊無法找出解決辦法。我們必須持續順應生活的起伏跌宕而學習、調適與努力，而不是在無法改變的事情不向我們屈服時感到失望。勵志演說家艾德・福爾曼（Ed Foreman）指出：「如果你的行爲總是一成不變，得到的結果也會一成不變。」我們養成這種習慣，而它們會從我們身上奪走改變的意識與意志力。

每個人都會根據幼時經驗建立行爲模式。我們會下意識地想出一些好的策略，幫助自己在那些環境下生存、甚至成長，但那些防衛手段會隨著生命的進展——例如開始上學，或大學畢業後進入職場——而不再適用。舉例來說，你在童年時期總是默不作聲與逃避別人的目光，因爲你從小就學會藉此避免遭到大人的毆打與責罵。現在，這種保持低調與沉默寡言的策略可能會使你無法在工作上獲得注意或得到升遷，而這也不是交朋友或找對象的最佳策

每日箴言

如何擺脫困境？簡單來說，就是對自己的行動與信念系統負責。認清自己的行為模式，注意這些模式是否為你對過往經歷所做出的回應，然後開始因應當前的情況做出回應。

略。又或者，你在兒時的防衛機制是拿任何事情來開玩笑，因爲這麼做讓你受人歡迎，並且不讓你的眞實感受爲人所知。開玩笑要講究時間與地點，但假如這是你唯一的溝通方式，你就會錯失人際關係的一些面向。

若想擺脫困境，第一步是對那些使你陷入困境的行爲模式有更深刻的意識。當這些模式成爲我們的一部分，會變得難以辨別。而我們甚至不會察覺自己依賴它們，但是爲了有所成長與適應生活的進展，我們需要加以改變。幸運的話，我們會有良朋益友好心指點。認清那些模式後，便可開始針對現在做出回應，而不是依循舊有的方式。

回到前述那位男性讀者的案例，我認爲現在是他省思自己的行爲模式與習慣如何導致困境的時候了。他需要挑戰自身的受害者心態，擺脫內心的創傷、相思病，以及四十年來都禁錮著他的那個不切實際的少年。唯一可以拯救他脫離禁錮的人是他自己。他可以不再扮演「舊愛」與妻子之間的沙灘球，並且決定自己想要的是什麼。不論是繼續與妻子相守、與「舊愛」再續前緣或兩者皆否，他都能坐上駕駛座，朝自己選擇的方向前進。當然，這麼做有個壞處，那就是他必須爲這些決定帶來的後果負責，而不是像過去那樣把責任都推給別人。

此外，倘若自我挫敗的看法使你一直心懷恐懼，就表示你受困於舊模式。恐懼使我們不再勇於發聲、受到制約而保持沉默，或者不再做自己，而是躲在笑話背後。我們害怕放下防衛，找各種藉口繼續武裝自己。曾有一位客戶告訴我，嘗試新的回應方式，就彷彿試圖一腳跨越大峽谷那樣艱鉅。對他而言，一隻腳踏到懸崖邊緣，感覺就像墜谷身亡那樣可怕。但事實上他表示，他終於重新站起來時，另一道堤岸便浮現，而他也踏上了堅實穩固的地面。

只要瞭解是什麼阻礙我們前進、阻礙我們爲自己與自己的行動負責，我們就能追尋所需所想。這並不容易，但歲月的寶貴之處就在於，我們學會如何在更大程度上掌握當下的生活，而不是繼續受過往經歷所支配。

改變讓人自由

有時改變很難，但也讓人得以享有自由：這是一個讓我們遠離一直以來生活中充滿的各種「應該做的事情」，轉而傾聽內心的感受並進行所需的調整。改變有時具有挑戰性，但不見得令人不快。我們需要刺激。我們藉由因應情況、環境與身體變化而改變回應的能力來維持情緒健康。

到沒去過的地方旅遊時，我們會受到嶄新的風景、氣味與文化所刺激，感到神清氣爽。更豐富、刺激的環境可以增進人的自尊。不公平的是，一些以老鼠作爲研究對象的實驗顯示，牠們在刺激性環境下對毒藥的耐受性比在熟悉的環境下更強。這種實驗無法在人類身上重現，但其證明了情緒也可能對身體造成影響。這不只適用於到外地度假的情況。我們透過影響我們的人、閱讀的書籍、吸收的故事及與自我對話的方式去建立內在環境。即便在無法控制外在環境的情況下（記得先前提過的維克多・法蘭克嗎？），我們通常仍能自由地運用腦袋來創造有利條件，或者對自己造成危害。

許多讀者來信描述自己感到焦慮煩躁或不滿，而這顯示改變正在進行或需要做出改變。這也可能是一種做事總半途而廢的舊行爲模式——稍後我會詳細說明。下面這位描述自己感覺不到任何渴望或興奮的女性讀者，就是或許能從改變的可能性中獲益的一個例子。

我今年三十七歲，有一個迷人的丈夫與一個可愛的孩子，還有一份創意產業的工作。問題是，我有很長一段時間都在工作中覺得不快樂，感覺深陷困境，時不時難過哭泣，因為我不知道該如何面對生活。我在求學時期表現優異（用功讀書、成績突出，上了一所好大學），但現在的工作沒什麼前途，我甚至不確定自己想不想繼續待在這一行。

我意識到，我花太多時間去做別人期望我做的事情，完全不知道自己想做什麼。我也為自己在二十多歲時忍受的一切感到難堪。我追求自己深知並沒有真的喜歡的男人，在工作上承擔各種會讓履歷加分的額外任務，卻很少得到升遷。

至少我終於意識到了自己的這種行為，我對此感到欣慰，但又害怕為時已晚。我參加許多面試，但沒有多少公司願意聘僱一位年近四十歲的媽媽。而且就像我說的，我甚至不確定自己想不想繼續待在這一行。請幫幫我。

我們往往在童年時期被灌輸一系列嚴格的規則（可能是從父母身上或所屬文化中習得），認爲應該以某種特定方式過生活。許多人吸收了這些外來訊息後，堅信自己應該用功讀書、上大學、投入競爭激烈的產業、爬上事業最高峰。這樣的軌道也許適合許多人，但絕不是所有人都如此。不知爲何，有某件事或某個人偷走了這個女人的方向盤，而她要做的是重新掌握自己的人生。

我想，她懷抱的不滿可能源自於心中有某種關於年資與里程碑的棋盤遊戲，也就是她一直糾結於自己在哪一年之前應該達到什麼里程碑。直到今日，她在工作上一直專注於讓上司看到她有所作爲，或者爲了幫自己的履歷增添光彩而做事，而不是爲了滿足自己當下的渴望。我好奇有多少人有一份責任重大的專業工作，但實際上寧願靠著幫人照顧寵物來賺錢。或許我們從事無法令自己感到滿足的工作，不只爲了經濟考量，也爲了看起來有面子。完成別人預期我們應該完成的事情，受限於我們內化的各種「義務」。這種遊戲對我們毫無幫助，卻充滿了陷阱。

我們養成了依照別人的看法來決定自己想要什麼、需要什麼及應該做什麼的習慣。我發現，當某個人腦筋死板、拒絕接納新觀念或至少長時間都這麼做的時候，他/她會秉持自己的舊信念或一開始被別人灌輸的觀念。這使得改變雖然不無可能，但難以成眞。倘若這個女人設法減輕童年經驗帶來的影響，學會活在當下，會發生什麼事？

如果你感到焦躁不安，卻想不出自己希望改變什麼，不必有壓力。相反地，請試著做這個練習。說到「投入與興奮」，你想到什麼？想到「報酬」或「成就感」，有什麼浮上心頭？寫下這些詞彙，好好思考，去感覺自己的腦中浮現了什麼？請將這項練習當作一種沉思的腦力激盪；不要排斥任何想法，因為這麼做可能會嚇跑其他想法。練習時不能急，要好好記下心中浮現的畫面或詞彙，然後再次檢視，去感受有哪些想法依然存在。我認為寫下夢想、體會腦中出現了什麼樣的感覺與畫面，也是個好主意。夢想可以提供實用的隱喻，幫助我們找出自己需要些什麼。

每日箴言

若想知道在生活中需要往哪個方向前進，就得理清自己的感受。我們可以從中瞭解自己渴望什麼，而我們知道自己的渴望後，就能努力追求。

做這項練習時必須聆聽自己的感受，才會有動力做出有助你盡情享受生活的改變。如果你感覺不到，就不可能知道自己想要什麼，而如果你不知道自己想要什麼，又要怎麼展開行動呢？

有時站在十字路口，我們動彈不得，因為害怕做出錯誤的選擇。那感覺就像不做決定的話，也許就能避免犯錯。然而，不做決定依然是一種選擇，而這就跟其他選擇一樣可能是錯的。我認爲如果沒有後見之明，不可能眞正知道一個選擇正不正確——而沒有一個人可以預見未來。錯誤與失敗是成長的必經之路。在心理治療界，我們有時會稱錯誤與失敗爲「另一個該死的學習機會」。

我記得自己在人生中有一段時間非常焦慮不安。我焦慮到辭去律師助理的工作，跑去念藝術。我希望能在學校認識一些能帶給我所需刺激的創意人才，結果發現我當初離開的那群法律界同事比藝術系學生更富有學識、更善解人意且更有趣。我在就讀夜校的期間拓展了摸索的範圍。我並沒有因爲參加電影賞析課而有所改變，但創意寫作課程爲我帶來了深遠的影響。

那堂課肯定有對我發揮作用，因爲最後我成爲了作家、記者與廣播節目主持人。這段經歷間接促成我出版著作，包括本書在內。我不太記得當初還上了哪些其他相對沒那麼實用的課程，但我很慶幸自己沒有因此放棄嘗試。嘗試是一件非常容易的事，太早放棄就太可惜了。我不斷嘗試，直到找到了帶給我啟發的課程，過程中我也不斷尋覓，直到找到了我想合作的夥件。

不管做什麼事，經過六次的嘗試後（如果這六次經驗都很糟——工作面試或網路約會），你自然會有「這件事我做不到，這顯然不適合我」的這種想法。但是改變這種心態，也許能帶來幫助。假設每五十通電話行銷能有一次成交，成功的業務會有的一招是相信自己失敗越多次，就離成功越近——因此隨著時間的流逝，他們越來越期待，展現越來越多的熱情，因而越有可能賣出商品。而就如任何一位年度最佳業務會說的，他們做到了。所以，不要那麼悲觀，而要像業務一樣樂觀一點。

你永遠不知道事情會如何演變。我的建議是，盡可能嘗試，如此一來人生也許就會成爲一場精彩又令人興奮的探索冒險。人生的美好之處在於，你隨時都可以創業、受訓從事另一份工作或職業，而如果你經濟無虞，也可以休息一段時間，嘗試其他事物。我有一位朋友到了八十歲還與人合夥開了一家創意產業相關的公司，因此假如你有一定的年紀還未達到特定的里程碑，我也不會覺得你輸了。我們不必玩什麼年紀就該達到什麼成就的那種遊戲。請走出那條軌道，另尋他路。

在我看來，最大的風險是停留在讓自己感到不快

每日箴言

嘗試新事物時不要那麼悲觀。即使失敗了，這仍意味著你離目標又更近一步。

樂或厭倦的狀態。但是，假設你總是每兩週就換工作、與新夥伴合作或搬家，那麼你應該做的改變是，想想自己如果嘗試一件事並堅持下去，會學到什麼東西。一種方法不可能適合所有人，但有一種方法往往是通用的，那就是思考「我害怕哪些東西？」、「恐懼如何使我裹足不前？」、「如果我感覺到了恐懼但仍放手去做，會發生什麼事？」不要將改變的時刻視爲令人恐懼的未知，而是把它當作一個探索與追求渴望的機會。一開始，那感覺就像雙手放開了繩索，往下掉進深不見底的山谷，讓人驚恐不已。然而，堅硬的地面往往就在你的腳下。

如何改變舊習慣

有時，我的心理治療客戶會遲到。對方會說：「地鐵卡住不動，眞的很抱歉。」如果這只發生一次，我不覺得有什麼大不了。但是有些客戶每次都遲到，而且抵達的時候都一副喘吁吁的模樣──也許只晚個五或十分鐘，但沒有一次例外。久而久之，我開始對這種遲到模式的成因感到好奇，想知道這代表什麼意義，以及這希望達到的目的是什麼。

不守時的原因數不勝數，因爲有些人會習慣性遲到。我有一位客戶想起以前自己的母親總在浴室裡摸個老半天而害他上學遲到。母親告訴他，遲到一下沒關係，早到的人都很急躁不安。在他的潛意識裡，準時與背叛母親混爲一談，因此成了一件壞事。他把這件事說出來後，便失去了遲到的衝動。又或者應該說，習慣性遲到的人對自己在一定時間內能做多少事，以及從某一個地點移動到另一個地點要花多久時間，有一種不合理的樂觀。我與本書編輯經常在她辦公室隔壁的一間餐館共進午餐，每次她都會晚七分鐘到，因爲她下午一點才離開辦公室。我想她應該是以爲自己擁有瞬間移動的能力，但是當她在大廳一邊等電梯、一邊與同事聊天的同時，她已經遲到七分鐘了。

有些遲到的人承認自己時間觀念差，而且對這件事無能爲力。我們經常從失敗主義者的角度進行自我對話，對自己說：「我就是這樣」或「我就是改不了」，但我們可以記下這種藉口，下定決心嘗試改變。人不會在長大成人後就停止發育。大腦具有可塑性，因此我們能夠改變它。而方法是：留意自己平時的習慣、加以抑制，並設法透過其他方式回應，進而建立新的習慣。

想像大腦內有一條高速公路，這條公路是你過去回應狀況的方式；另一方面，新的習慣或行爲就像在叢林中拿一把彎刀闢徑。舊的回應方式輕鬆簡單又直覺，就像讓自己進入自動駕駛模式一樣。然而，新的回應方式可費力了：你需要思考自己要往哪個方向走、自己在做什麼，而這需要你費心勞神。回到上述關於準時的案例，唯有當習慣晚到的人下定決心要準時赴約，他們才會眞正地改變。這必須是出於意識的決定；如果他們只是表面上「嘗試」準時赴約，是不會成眞的。假使如此，他們的大腦會回歸那條舊公路，而他們也將繼續遲到。

當你承受不能重拾舊習的壓力時，請特別小心，因爲如果我們的精力被其他事情所消耗，通常都會選擇回到輕鬆且熟悉的路徑。我想爲人父母者都知道自己會這樣。他們或許都堅定表示自己絕對不會做出以前父母所做的行爲，但面臨壓力時，卻發覺自己重拾了父母當初採取的教養方式。

關於改變特定習慣的另一個例子，我們來看看下面這封信，當事人是一位女性，她發覺自己總忍不住在工作時說別人八卦。

我似乎無法停止說周遭的人八卦及抱怨他們。這種情況大多發生在職場上，而且不只我一個人這麼做；這是一個有毒的環境，說長道短是一種常態，因此讓人難以抗拒。每天我都告訴自己不要說別人壞話，但我都會被牽扯進八卦流言之中或忍不住說一些惡毒的話。這是我最痛恨自己的一個特質，而我開始認為，自己其實是一個不配交朋友的爛人。我曾經對自己的誠實、有主見與直言不諱感到自豪，但現在天平已經傾斜，我變得滿腹牢騷，總是忍不住道人長短。最糟糕的是，我說某人壞話時，心裡並不討厭對方，所以我很困惑為什麼自己會說出這麼難聽的話。

過去幾年來，我一直在努力改變自己（戒酒、接受治療），也對自己沒有變成一個更好的人而感到羞愧。我不想成為一個心胸狹窄、貶低他人來獲得快感的人。我非常尊重與佩服那些正面積極、心胸開放，而且能夠控制自身想法與情緒的人——我要怎麼做才能成為那樣的人，永遠告別惡毒的自我呢？

這位女性勇於承認並說出自己的問題，代表她已經踏上了改變的道路。停止八卦是困難的，尤其是我們在所處環境中缺乏安全感的時候。當你與另一個人都討厭某個人時，與對方交好是一種權宜之計。機智風趣的社交名流愛麗絲・李・羅斯福・朗沃思（Alice Lee Roosevelt Longworth）曾說：「如果你說不出好話……就坐我旁邊吧！」流言蜚語可作爲黏著劑：在感覺相互友好的人們之間流動，象徵彼此間存在信任。它可以緩解我們對別人懷有的緊張或敵意，因爲它能幫助我們釋放心中的壓力。但是，這也有缺點。關於某人的負面傳聞可能會改變我們對他／她的看法，這樣對那個人來說，既不公平又苛刻。倘若八卦的對象換成我們自己，同樣也是殘酷不公的。當然如果我們能夠圓滑地進行更直接的溝通，對大家都會比較好。

嘗試新方法時，感到猶豫不決是很正常的。有時，一件事能帶給我們的好處，似乎與我們在考慮是否採取行動時所感到的恐懼成正比，譬如你都只在趕公車時會跑動，就可能會對參加馬拉松感到卻步；或者你在疫情期間成天喝酒，之後若要徹底戒酒，肯定是個艱難的挑戰。奇怪的是，人很難接受有益的轉變。多巴胺的刺激會強化壞習慣，我們會用一些荒謬的言論來告訴自己需要更多的刺激。這位女性讀者在試圖戒掉說八卦的習慣時，所經歷的情況可能就是如此。

然而，可產生正面影響的轉變，不一定得是戲劇性的；它可以是細微的調整，例如決定種植不同種類的植物或一天學習一個新詞彙。我會建議這位女性讀者試著養成以「我」爲開頭來陳述事情的習慣，也就是從「他惹惱我」改成「我被惹惱了」的說話，進而對自己的反應負起責任，並瞭解別人惹惱了我們，未必表示他們犯了什麼錯。這個習慣將能幫助她對自身的回應負責，而不是歸咎於他人。這麼做或許不像跟要好的同事抱怨那樣來得有趣，但可能更有幫助。就連生活作息或外表的細微轉變，也可能對幸福感造成重大影響。

我也觀察到，她因爲說人八卦而感到非常自責。她已經能夠清楚說出自己的問題，也進入了道人長短後能夠自我反省的階段，因此她正走在正確的道路上。我想起波西亞・尼爾遜（Portia Nelson）的詩作〈人生的五個篇章〉（*An Autobiography in Five Chapters*）。這首詩描述她走在路上，掉進了一個洞裡。她掉進洞裡，這不是她的錯。她看到了那個洞，知道自己會掉進去，而她也眞的掉進洞裡，但這仍舊不是她的錯。她看到了洞之後，掉了進去，這才是她的錯。她看到了洞，走過去時避開它。然後，她走到了另一條完全不同的街道。這個比喻意味著，我們試圖養成新習慣時，需要爲自己留一些空間：行爲的改變是需要時間的。因此，我們受到誘惑而染上壞習慣時，與其自責，不如慶幸自己意識到了這一點——「啊哈！那就是我不想再做的事！」先不要急著評斷，而是探索自我。注意自己的進步，察覺自己受到了哪些誘惑，而當你抵抗了誘惑時，不要吝嗇爲自己喝采。

如果你準備好要改變舊習慣或嘗試新事物，我的建議是：拿一張大張的白紙，在中間畫個圓圈。在圓圈內寫上你覺得會讓自己感到輕鬆自在的活動。以我爲例，我可能會在圓圈裡寫上散步之類的活動。在圓圈外圍，寫下你可以做、但必須稍微鞭策自己一下才會做的事情，例如走訪歷史遺址或登山。在這些活動周圍畫一個更大的圓圈，並在圈裡寫上你想做、但又有點卻步的活動。這些活動可能是七天徒步旅行、向他人提出新的創業想法或成立慈善機構。在這些活動周圍再畫另一個圈，接著寫下你不敢嘗試、但又渴望實現的事情（譬如競選公職）。你想畫多少圓圈就畫多少圓圈，依照自身情況而定。

有時，最內圈的外圍的那些活動，會變得平凡無奇，而你的舒適圈會隨之擴大。對某人來說屬於外圈的活動，對另一人來說可能是內圈的活動，但我們應該謹記，不論做什麼嘗試，全都是爲了讓自己變得更好。別人怎麼想並不重要。嘗試新事物，而如果這個實驗並沒有讓你感覺比之前受到更多鼓舞、與別人有更緊密的連結、充滿更多活力，你也不會有損失，大可以停止這一切。重點是，一步步地慢慢擴大舒適圈。根據我的個人經驗，假如沒有不時測試自己的極限，舒適圈就會逐漸縮小。

我們必須牢記的一點是，改變是需要練習的。一開始你可能會感到困難，因爲這不是你熟悉的事，而我們總誤以爲熟悉的事物就是眞理。其實，令人習以爲常與舒適的事情會讓人感覺輕鬆自在，即使它會帶來傷害。因此，我們應該繼續在叢林中揮刀闢徑，踏上新的道路。你越勇於嘗試，就會越覺得那些新事物自然而平常，直到做那些事情時就像進入自動駕駛模式一樣。

有改變，就有失去

有時候，我們是改變的施爲者（agent），而那些轉變令人嚮往，但其他時候我們未必渴望改變，這時改變就成了一種刺。我們可以如何面對這個問題？我們必須瞭解，有改變，往往就有失去，尤其當我們還沒準備好迎接改變的時候。當一段關係有所轉變（從情人變成朋友，從朋友變成熟人，從照顧者變成受人照顧者），一定都會產生令人哀痛的失去，不論是舊有的生活方式或是關係，以及你過去在那段關係中的狀態，都是如此。

即使你對改變有所預期也願意接受，它依然會令你感到空虛，使你的心靈拼命想填滿空白。爲人父母者第一次與孩子分離就是一個常見的例子。進入青春期的孩子叛逆、頂嘴、婉拒家庭活動的邀約，或者拒絕接受慈愛的建議時，父母親會感到受傷。如果爲人父母者能夠將這些舉動視爲青春期的孩子自我成長的一部分，就會比較釋懷了。

這也是爲什麼有時分手令人感覺就像喪親之痛：因爲你正在經歷失去。你會想念對方，想念跟對方在一起時的自己。你會擔心往後自己該如何過沒有對方的生活，並且怨恨自己必須擔心這件事，因爲假使你與對方沒有分手，現在就不必全力面對新的處境。你也許會惶恐不安，因爲你即將告別熟悉的事物，進入未知的生活。你也許會面臨更多理性上的焦慮：如今你在新的單身狀態下是誰？這個狀態如何改變了你的個人身分？這些問題讓我想起一位三十多歲的女性讀者，她在接受不孕症治療的同時，與伴侶的感情也破裂了。

> 我與深愛的伴侶交往了十年，原本以為能一起白頭偕老。最近，我們開始嘗試利用精子捐贈進行人工授精（我們是女同性戀），結果在第一次療程的兩天前，伴侶離

開了我。我發現她與一個共同朋友偷情。之後她回心轉意，我們又在一起一段時間，生活充滿了濃情蜜意，但她再度離開了我。

我在診所花了三個禮拜接受治療，我感到悲痛欲絕，彷彿放不下我認為原本會是我們的孩子的那個胚胎。我也覺得好像沒有任何言語能夠形容這種感受，因為女同性戀的生育治療在社會上並不「常見」，所以我連自己這樣是什麼狀況都不知道。我也明白劈腿預示了更廣泛的問題，我也希望負起自己在這段破裂的感情中的責任——我與伴侶之間完全斷了聯繫，因為她說她真的不想要我們的孩子。

我現在才意識到，在我們計劃未來的過去兩年裡（為孩子取名、選學校、決定住哪裡、存錢，討論以什麼方式及什麼時候生下第二個孩子），我的伴侶漸漸退縮了，而當我試圖找她談談時，她卻一直找藉口迴避，到最後我氣炸了，迫切需要某種連結，即便是消極的聯繫。

我到底該如何處理與接受這一切，我又該如何過生活？我無法擺脫這種感覺，彷彿自己是個失敗者，什麼事都做不了，我知道這麼想並不理智，但我受到的打擊太大了。我也不確定自己是否應該獨自養育孩子。我能同時扮演稱職的雙親嗎？想到這點就讓我感到身心俱疲，而且無依無靠。

當一個人離開了你，你會感覺同時也失去了與對方在一起時的那部分的自我，以及你與對方共譜的未來。那種缺口就像一道皮開肉綻的創傷。毫無疑問地，這個女人心如刀割。她失去了伴侶，也失去了與對方一起養兒育女的夢想。另一個離開她的人是她夢寐以求的孩子，以及孩子長大後將成爲的那個人。不論你的夢想是一個孩子、一棟新房子、一段新戀情或是在異地展開的新生活，當夢想無法實現時都會經歷一段哀悼期。如果我們有所憧憬，而它眼看就要實現，卻又被奪走了，我們可能就會像失去一個重要的人那樣百感交集。如同悼念逝去的親人，這個過程無法加速，但隨著時間的推移，傷口會痊癒，我們會習慣，或者因此而成長，而它也就成爲了我們的生活背景。

我收過許多詢問如何度過失戀或其他意外變故的來信，對於這些問題，我最大的忠告就是打開水龍頭、宣洩感受，否則壓力只會越來越沉重。壓力會變得像是一種執著，影響生活的各個方面。如果你覺得自己卡在執著階段動彈不得，可以藉由控制發洩的時間與地點來擺脫困境。方法是制定時間表，每天在固定的時間哭泣、生氣與哀悼三十分鐘。事實上，即使你不想這麼做，也必須在固定時間

> 每日箴言
>
> 按表操課的悲傷聽來瘋狂，但這能幫助我們練習控制自己的想法，而不是讓想法控制自己。

哀悼與悲傷。回想過去的生活。你可以做一個神龕，點燃一根蠟燭，然後盡情哀嘆與哭泣，寫一封永遠不會寄出的情書，做什麼事都行，但每天不能超過半小時，而且只能在自己規定的時間這麼做。嚴格要求自己，設定鬧鐘。這麼一來，當你有了感受，並努力克服它們時，你也就掌控了它們。這需要決心與意志力，但就像學習任何技能一樣，你會透過練習而不斷進步。或許在你難過悲泣的那半小時裡，你可以請朋友或家人抱著你、安慰你。你不必獨自一人做這件事。但是，請不要忘記設下時間限制。

對於下面這位打算接受手術以降低乳癌風險的年輕女性，我也會給予相同的建議。

我是一位二十六歲的女性，五年前我做了遺傳性乳癌基因突變檢查，結果是陽性。這表示我罹患乳癌的機率非常高，因為——概略來說——我的身體沒有能力辨別某種癌細胞並抵抗它們。

得知檢查結果的時候，我就打定主意要接受降低乳癌機率的乳房切除術，而我正處於自己覺得已準備好做這件事的人生階段（在事業與人際關係方面）。儘管醫生告訴我，無論我是否接受手術，我的預期壽命都是一樣的（如果我不接受手術，很可能會罹患乳癌，但由於我將開始定期接受篩檢，因此也很有可能發現癌細胞），但我知道手術對我來說是正確的選擇。我不想每年都做篩檢，心裡知道總有一天結果會是陽性。我寧願現在就動手術來換取往後的平靜生活。

我的母親曾罹患乳癌，經過多年的治療仍不敵病魔，而當我收到遺傳性乳癌基因突變的檢查結果時（她也是陽性），她還在我身邊。我記得她因此感到非常內疚與心痛，但我並不覺得難過。要是在以前，這個結果可能就像是判了我死刑一樣，但現在我有許多選擇，我覺得自己能夠得知診斷結果是一件非常幸運的是，因為我擁有母親從未有過的選擇。對我而言，這只不過是我長大成人後必須做的另一件事，只要我做好計畫，就不會有問題。我並不豐滿，接受乳房切除術對自我形象影響不大，因此我從沒想過會那麼想念自己的乳房。

但是，如今距離動手術的時間越來越近，我經常感到恐慌與不知所措。我很難專注在其他事情上，但又不想因為不斷談到這件事而讓朋友與家人感到厭煩。我知道動手術是我想做的事，也知道現在是最佳時機，但為什麼我會感到惶恐不安呢？

失去親近的人時，我們會想要哀悼：當我們失去了父母、伴侶、寵物或朋友時，周遭的每個人都預期我們會感到悲傷、憤怒或困惑，拒絕接受事實或有一段時間像個行屍走肉般地生活——無論這場哀悼之旅會帶我們到哪兒去。即使這是一段艱辛的旅程，我們知道，除非允許自己哀悼，否則將無法恢復正常的生活。超越失去的唯一途徑，就是經歷失去。

如果我們失去的不是與我們有所連結的另一個靈魂時，會更難理解這一點。通常沒有人會注意到或提起這件事，也沒有人預期我們可能想爲此哀悼。這位年輕女性在喪母後所經歷的是另一種失去：失去作爲女性特徵一部分的乳房，失去完整且沒有傷疤的身體。

她對自己可以透過手術大幅降低罹癌風險的選擇心存感激，但在慶幸的同時，也可能會感到悲傷與恐慌。假如你身上那個經歷多次醫學檢查的部位正是讓你母親失去生命的部位，你怎麼會不恐慌？假如目前還健康無虞的身體組織將被手術切除，你怎麼會不焦慮？

難受的感覺已讓人難以言說，但假使我們因爲有這種感受而譴責自己，便會讓感受失去控制。這麼一來，在悲傷的過程中，我們無法得到關愛的支援，反而將自己困在沉默且痛苦的世界裡，感覺越來越孤立無助。如果我們無法在心中面對失去，它就會占據我們的世界，掩蓋了其他的一切。你也許認爲，如果我們承認自己的失望並道出那個缺口，內心的感受就會變得更加強烈與難以控制，但其實恰恰相反。談論失去，表示你開始處理那些感受，而這也是療癒創傷的第一步。

當我們將自己認爲最不尋常、孤立或孤獨的事情與他人分享時，往往能感受到最緊密的人際連結。我想這也許是因爲，如果我們能夠將那些不常表達的感受化作言語，並眞誠地描述自身感受，兩件事就會發生。一是表達了感受，我們就能理解它，更加瞭解它，也更加瞭解自己；二是如果我們能設法向他人傳達這種感受，那麼我們的言語或許也能幫助他們理解自己的某些感受。當我們分享自己的眞實想法與感受、分享眞實的自我，而別人能夠理解時，連結就產生了。這種連結可以療癒人心。我們可以脆弱、可以悲傷、可以感受失去，也可以給自己一點時間來平復心情，並且適應不同的身體。

接受變老的事實

兒童與成人等名詞，不過是我們創造出來的概念罷了。我們不會在二十一歲或任何時候瞬間神奇地變成大人。我在十幾歲與二十幾歲時一直在等待某種神奇的轉變出現，當時我覺得自己不再像是自己（也就是作爲一個孩子），而是感覺變得遠比過去更懂事了（也就是所謂的大人）。

因此，長大成人這件事不會突然發生，但隨著時間過去，我們確實會有所轉變。生活會影響我們、改變我們，甚至讓我們發展成爲比昨日更進步的人。然而，發生改變的往往是我們的內在，而不是我們的過程。我來解釋一下：這裡的「內在」指的是故事，而「過程」指的是行爲模式。因此舉例來說，假設你總是杞人憂天，那麼你擔心的事情——也就是故事——會改變，但你總是杞人憂天的事實不會改變。年紀小的孩子可能會擔憂樹葉會枯萎凋零。長大後，他可能不再關心樹葉，但會對另一個故事產生同樣的憂慮，譬如煩惱該寄聖誕卡片給誰。年紀變老的進展並不表示我們徹底變了個人——記住這點很重要。對我來說，上了年紀的主要變化是，我比以前更常感到疲累。

變老是每個人都必須面對的問題，但這可能會是一個讓人難以接受與克服的過程。身體會發生變化，而面對那些變化不是件容易的事。變老也可能意味著行動不便、需要更多休息、無法做以前輕而易舉的事情。無論你對這些變化有多麼深刻的領悟，仔細想想，它們也牽涉了失去。你可以緬懷過去，承認這些變化對你造成的影響。在生命中，人都免不了會懷念過往年輕與充滿活力的時光。

我們從小就被灌輸年輕就是美、老就是醜的觀念，尤其是如果你是女性的話。我記得母親曾看著鏡中的自己，感嘆年華逝去，然後對我說「你的狀態還很好……」。但這對我來說並不好，因爲她將對自己的身體感到厭惡與羞恥的習慣傳給了我。我們的生活充斥了年輕貌美的女性形象，以及「我們的外貌都應該要像這樣」的訊息。這讓人以爲這些年輕女孩就是女性氣質的縮影，但事實並非如此。

以下就是一個難以接受自己的肉體日漸老化的例子。有一個女人來信問我要如何對自己的皮膚狀態更有自信。

我要怎麼做，才不會在裸體的時候，對自己鬆弛、步入中年而下垂的身體感到那麼自卑與自我厭惡呢？這讓我做許多事都綁手綁腳，刻意避免參加需要露出手臂、甚至雙腿或腹部的活動。我害怕穿泳衣，雖然我很喜歡游泳。這也意味著，我與伴侶發生性愛時會因為赤裸著身體而感到不自在。這甚至影響了我們的體位；我無法讓自己處於上位，因為我對自己下垂的腹部與乳房感到非常羞恥。

我經常健走，一週上好幾次瑜伽、皮拉提斯及其他課程，也很喜歡自己的身體在上課時達到的狀態。我年近六十，飲食習慣良好（攝取大量的魚類、豆類、水果及各種蔬菜）。我超出標準體重十公斤，人生有大半時間都因體重所苦。這或許和發育狀況有關——我還小的時候，胸部就很豐滿，引起了男生不必要的注意，我也記得自己會穿寬鬆的衣服來遮掩女性化的身體，而不是以玲瓏有緻的曲線為傲。

我知道外貌完全不能代表一個人，我也為自己對身材感到羞恥而覺得羞愧。我不會用厭惡的眼光看待朋友；她們儘管沒有完美的身材，但都美麗動人、神采飛揚，而為什麼我卻用這種眼光看待自己呢？

人的皮膚會隨著年齡的增長而變得鬆弛，而我們一直以來都受到制約，認爲鬆弛的皮膚並不美麗。商人推銷緊緻乳液、抗老乳霜與各種流行服飾，洗腦我們應該有什麼樣的外貌才對。他們的目的是讓我們充滿恐懼，害怕自己會因爲外表不年輕而不討人喜歡，他們也加深我們的自我厭惡，好驅使我們買更多東西，而這種做法眞的有效。他們的行銷策略奏效，但商品並不管用，我們的皮膚與脂肪分布依然隨著年齡而改變。

我們可以坦然面對曾經光滑的皮膚變得像皺紙一樣，我們可以意識到自己被灌輸了狀態有好壞之分的觀念。我們也可以認清，自己可以選擇如何去看待這個問題。誰才是最有魅力的年長婦女？不是身材最苗條的，也不是外貌最年輕的，而是那些昂首闊步、不遮遮掩掩、總是開懷大笑、絲毫不在意自己臉垮肉垂的女人；是那些沒有爲了縮小腹而刻意憋氣的女人。自信是讓自己感到美麗的關鍵，而不是身材的纖瘦或緊實。

以上只是泛泛而談，男人當然也會老化，尤其男同性戀特別容易受到他人的嚴格審視。但是女人在保持年輕外貌這點上面臨著額外的壓力，因爲她們在文化上始終受男性目光所左右——女性雜誌告訴我們應該要呈現某種外貌，在公車站與酒吧應該要引人遐想、遭人調戲或甚至受到騷擾，而對許多女性來說，男性的注視已成爲我們看待自己的目光。

來信的這位女性詢問，她對自己身材的厭惡，是否與她在童年時期受到男生不必要的關注有關，我認爲這兩件事極有關聯。兒時受到的關注讓她覺得害怕，而她以爲這是自己的身體所導致的，因爲別人對她做出不恰當的性化評論時，她感覺受到了侵犯、驚嚇與厭惡。她潛意識認爲：「如果我沒有這樣的身體，就不會感到噁心與害怕。」不請自來的關注使我們更加在意自己的外表，因此當身體隨著年齡增長而發生變化時，我們感到無所適從。我知道有些男性也對自己的身材缺乏自信，但我相信一般而言，男人比較能夠拍拍自己的大肚腩，對鬆垮的肥肉一笑置之。女人對身體變化的焦慮程度往往與男人不同。

如我之前所說，人們很容易誤以爲熟悉的事物是眞理。誰可以定義什麼是美，什麼是不美？如果你跟那個來信的女人一樣，我希望你能驕傲地抬起頭來。你擁有美妙性感的軀體，試著以它爲傲吧！不要再浪費時間了，你應該好好珍惜與欣賞自己有多棒。你也許沒有自信，但可以假裝自信，並且習慣這種狀態。戲演久了就會變成眞的。

另一封信貼切地描述了人在面對衰老時的心境轉變，這位退休婦女覺得自己跟不上現代科技發展的腳步。

身為獨居的退休婦女，我在疫情封城期間感到與世隔絕。解方似乎是依賴科技，它方便好用，卻經常讓我感覺與這個世界的隔閡更深了。例如，與人視訊通話時我不知道如何取消靜音，那感覺就像得了封城症候群。疫情過後，情況有所好轉，只是新冠肺炎推動了科技的進展，而我卻總是無法善加利用。

我曾經在一家酒吧因為不知道如何透過手機應用程式點菜，只能放棄吃午餐。我還有一支我經常不知該如何使用的手機，有好幾個月我都不知道怎麼接電話，所以我只能等別人掛斷後再打回去。

我時常買了新的裝置，而它連使用說明書都沒附。我與那些利用手機與手錶——手錶耶！真令人大開眼界——做所有事情的人們更是漸行漸遠。我不覺得自己屬於這個世界，而這種情況不可能有所好轉。

我首先要坦白的是，我也覺得人們不得不日漸依賴科技的事實讓我很頭痛。我甚至不會操作自家的中央暖氣系統，也必須記得密碼才能繳稅。網際網路剛問世的時候，我還游刃有餘，但沒有事情是一成不變的；「升級」這個詞彙讓我感到不寒而慄。你抓到了某個視訊會議應用程式的訣竅後，就被迫要升級版本，或是工作團隊開始使用另一個程式，於是你必須重新學習。我厭倦了看YouTube影片來試圖讓自己跟上潮流。年輕的世代似乎把玩一下就能憑直覺知道如何操作科技裝置，因爲他們從小在這種環境下長大。而我們這個年紀的人不是。撇開這些抱怨不談，學習新事物對老化的大腦助益良多。我們能學到的東西往往比自己認爲的要多。不會使用科技裝置，就去店裡尋求幫助。像我就發現自己需要多聽幾次解說及多加練習，才能掌握訣竅。

年老的好處在於，我們可以坦白表達心中的感受與想法，而且通常不會受到指責。如果你願意，你可以爲我們這些老人歡呼，因爲我們學會了不那麼在意別人的看法（注意，我說的是「不那麼」在意。如果完全不在乎別人的眼光，我們就會變成精神變態）。我在祖母步入百歲時問過她，到了這個年紀有什麼好處，她說：「現在我終於可以想說什麼就說什麼，而且沒人有意見。」親愛的奶奶，我爲你喝采。

不過，這還牽涉了其他因素。多數人覺得自己不是群體的中心，而更像是邊緣人。來信的這個女人（還有作爲讀者的你、我，以及所有人）有一部分注定是孤獨、不爲人知的。因此如果變老這件事讓你覺得自己被拋棄，而且注定孤苦伶仃，我希望你明白，你並不孤單：每個人都有未被看見、不為人知的一部分。你確實屬於這個世界，即使一部分的你有時會覺得自己並非如此。

面對悲傷

摯愛告別人世，是我們生活中經歷深刻變動的時刻。在我收到的來信中，訴說悲傷的信件最動人而深刻。我有時會說，愛的代價就是悲傷，而在許多這些信中，我可以感受到它們承載的愛有多深、多重。下面這封信寄自一位悲痛欲絕的母親，她的經歷讓我難以忘懷。

我有三個孩子，其中一個孩子在嬰兒時期就夭折了。另外兩個孩子如今分別是三十四歲與二十九歲，由於我覺得自己從那時起，潛意識裡就拼命想讓他們活下來，因此我成了他們一遇到問題，第一個求助的對象，無論在情感（人際關係、工作、友誼，任何事情都是）、經濟或身體上（只要有必要，我就會放下一切陪伴他們）都是如此。

這也對我先生造成了影響，他是家裡的經濟支柱，雖然他對孩子非常慷慨，但他無法理解我與孩子之間的情感連結，也不懂他們為什麼如此依賴我（他沒有親生的孩子，也從來沒想過像孩子們呼喚我那樣地呼喚他的父母）。問題顯然出在我身上。我沒日沒夜地為孩子掛心，夜裡時常驚醒與失眠，覺得自己是個失敗的母親，而這種排山倒海而來的沮喪還伴隨著設法讓他們感到快樂的壓力——我在雙胞胎出生前吃過抗憂鬱藥，因為我有一段刻骨銘心的童年，父母在我很小的時候就去世了，但後來因為副作用的關係，我決定不靠藥物來對抗憂鬱症。但現在，我覺得自己快崩潰了。我該如何改變與面對眼前的情況呢？

我非常同情那個失去雙親的小女孩，那個脆弱年幼的她至今似乎依然存在她內心深處。我想，她心中正常的安全感應該都是在那時被奪走了。在那之後，難怪她總是擔心生命中重要的人會遭遇不測。即使她已經開始走出傷痛，但失去孩子的經歷仍有可能使她再度想起失去雙親的悲痛。我可以理解她的恐懼。

舊創傷深埋於心時，不會透過太多的言語表達出來，而更像是一種自由浮動的焦慮，或是一種才剛開始且持續的擔憂——靠邏輯是趕不走它的。這並不代表我們的內心支離破碎，只能說明我們更深刻體會到生命的脆弱。痛失摯愛時，我們無法理所當然地認爲身邊的人也不會離開我們，原本無憂無慮、隨遇而安的生活態度也往往會被不如以往那樣彈性，而且更加瞻前顧後的處世方式所取代。這樣做的問題之一是，事情一切順利的時候，我們無法樂在其中，而是患得患失。我會鼓勵那些像這位母親一樣飽受這種心態所苦的人活在當下，而不是掛念過去或擔心未來。我們可以試著拋開憂愁，專注於自身呼吸的聲音與感覺，尤其是在夜晚入眠的時候。

有時，我們在悲傷中成長，但悲傷依然令人痛徹心扉。有時，悲傷似乎一波接著一波而來，一如當初那樣地椎心刺骨。對此，學界提出了一些理論，例如悲傷分爲數個階段，人會經歷這些階段，然後走出傷痛。根據我的生死經驗，很少有人能夠理解這類理論。喪親之痛有其歷程，人們經歷的方式也各有不同。下面這封信寄自一位在母親去世數十年後仍走不出悲痛的女性，提醒了我們悲傷不會按照計畫走。

我今年五十歲，與先生及兩個孩子過著富足的生活，衣食無缺。母親在我二十五歲時突然離世，當時她六十一歲。她死於心臟病。我們根本不知道她生了重病。我父親死於腸癌，享年八十一歲。

雖然父親病情惡化令我非常難過，但我能夠接受他因病而死的事實。然而，我認為自己從未真正學會如何面對母親的去世，而這也是我寫信求助的原因。即便是現在，寫信的同時，我還是難受地止不住眼淚。都過了二十五年了，我怎麼還會這樣？我應該要能釋懷了才對呀！

我曾短暫接受心理諮商，諮商師建議我讓自己盡情思念母親，像是聽她最喜歡的歌曲等等。這麼做沒有帶來任何幫助，我依舊覺得自己無法面對她的離去。如果你對於如何解決這個問題有任何見解，請告訴我，我會非常感激。

在我看來，這位女性年紀輕輕就喪母，無疑是沉重的打擊，而且還是在她與母親建立關係的時候。有些人可以、也確實填補了摯愛過世後在自己心中留下的空白，但如果你還來不及深入瞭解他們，是很難做到這一點的。而我認爲，人在面對父親或母親早逝時尤其如此。弗里茨・波爾斯（Fritz Perls）與妻子蘿拉（Laura）創立了名為格式塔（Gestalt）的心理治療學派。該學派常見的治療方式是擺放兩張椅子，一張給你自己，一張給你餘情未了的那個人。雖然聽起來很愚蠢，但你要大聲對著那張空椅子說出你想對那位摯愛說的話。接著，你坐到那張椅子上，把自己當成對方，以你想像他們會對你說的話來回應自己原本坐的那張椅子——這正是這個療法的奧妙之處。如果你正處於悲傷的狀態，這個練習或許有助你宣洩情緒（這也許是你需要做的事），也或許能幫助你擺脫傷痛。

就像這位女性一樣，許多人可能都希望好好「解決」悲傷。如果你跟她一樣感到沮喪，我希望你不要想著如何「解決」悲傷，而是要去「感受」悲傷。感受無法獲得解決，它們不是這樣運作的。你無法透過責罵來讓大肆哭鬧的孩子恢復冷靜，也無法透過責罵來讓自己停止悲傷。某些部分的自我並不會因為我們繼續過生活而消逝，它們會維持休眠狀態，直到某件事重新觸發了它們。你或許看過年邁的長者臨終前情深意切地憶起至親，讓人不禁動容。我會鼓勵任何陷入悲傷的人不要對此心懷怨恨，也不要試圖擺脫悲傷。這聽來也許奇怪，因為有時悲傷就跟以往一樣痛苦且原始，而我的意思是，不要刻意推開悲傷。然而，如果我們能試著不在痛苦流涕時感到窘迫或憤怒，而是接受悲傷將會、也的確是我們表達愛的一種方式，就會比較能夠與悲傷共存。

班傑明・富蘭克林（Benjamin Franklin）曾說，生命中只有兩件事是確定的：死亡與繳稅。我們無法讓摯愛起死回生復活。我們能做的是改變自己與悲傷的關係。如果我們將悲傷推開，它會變本加厲；如果我們接納它、照顧它、善待它，並且不再害怕它，它雖然不會消失，但會變得讓人更容易承受。我們會感到痛苦，是因為失去了所愛的人，而在往後的日子裡，我們會時常對此深有感觸，但我們可以與悲傷和平共處，你未必得減弱自己對它的感覺，但可以試著不那麼在意它。

在《如何維持情緒健康》（*How to Stay Sane*）一書中，我提到理智是介於過於僵化或過於混亂之間的一條路徑。這條路就是保持彈性——也就是能夠接受改變，必要時做出改變，甚至擁抱改變。渴望歸屬感，以及覺得自己在社會中占有一席之地，是人的本性。我們能夠促成的最重要的改變，或許就是加深歸屬感——成為家庭的一分

每日箴言

不要想著如何「解決」悲傷，而是要去「感受」悲傷。試著不去怨恨悲傷或推開悲傷，而是學習與痛苦及傷痛和平共處。

子、選擇工作環境，或甚至加入線上群組。歸屬感是獲得滿足的重要基礎，我們將在下一章討論這個主題。

4.

如何獲得滿足

找到內心的平靜、滿足與意義

我發現經常阻礙人們獲得滿足的因素之一是，大家都把快樂看得太重要了。快樂是感受到愉悅：這是一種興奮的狀態。你可以把它想成是一種令人歡欣的驚喜，像是收到久違好友傳來的簡訊，或某天提早完成工作而能悠閒地在夕陽餘暉中散步回家會有的那種感受。我會將快樂視爲一種短時間的感受。人不可能時時刻刻都感到快樂。

因此，我想在最後這個章節探討什麼是滿足。滿足指的是對生活感到滿意；這是一種預設的背景狀態，我們可以將其視爲一個長期目標。如果你能接受自己的所有情緒（包含難過與快樂），就能將它們作爲生活的指引。本章旨在幫助你瞭解與處理所有這些不同的情緒，以培養感到快樂的能力與建立時時刻刻都感到滿足的基礎。

處理壓力與焦慮

每個年齡層都會面臨不同面向的壓力：通過考試、找到心目中想要的工作、繼續做自己討厭的工作、人際衝突、渴望有個伴、心靈空虛、想生孩子、育嬰地獄、財務問題、住房問題、孤獨感、離婚、相關性、意義、追求更大的成就、賺更多的錢、晚生子女、更強健的身體、更棒的性生活、更細緻的皮膚、學會何時該放慢腳步、做好臨終計畫、面對身體日漸增加的病痛。做一些讓自己感覺吃力的事情或之前從未做過的事情，可能會讓你備感壓力，而且毫無助益。或者更糟的是，你實現了目標，但並沒有想像中的那樣如釋重負。無論到了哪個年齡層，我們都可能面臨必須使內在形象與外在現實達成一致的挑戰。

我們會因爲各式各樣的原因而感到壓力與焦慮，這種情況可能是一時的，也可能持續很長一段時間。但是並不是所有的壓力都不好：對自己施壓，是維持大腦健康的一種方法。完全沒有壓力，就代表你的心智沒有得到鍛煉。好的壓力會創造正面的刺激，促使我們學習新事物與發揮創意，但又不會讓我們難以承受而陷入恐慌。學習的行爲可使我們形成新的神經連結，而連結越多，大腦就越發達。如果大腦有一部分即將壞死，那麼擁有更多的神經連結就意味著，大腦的其他部位可以更快地相互傳導，繞過受損的部位。

然而，好事也會過猶不及。持續不斷的高壓狀態會導致恐慌與解離。解離指的是個人思想、知覺、感受與行動之間的脫節，讓人感覺像一片空白。恐慌與解離會使人精疲力竭，那麼，我們可以怎麼做來避免這種情況呢？

我收到一位年輕人的來信，他一直無法擺脫壓力與焦慮，其程度嚴重到影響了他的日常生活。

我三十二歲，事業有成，還有一個可愛動人的女友。在童年與成年時期，我受過不少創傷，也有一些健康方面的問題。我目前遇到的問題是，我非常焦慮，焦慮到每天早上起床都會因為恐懼而全身僵硬。我要費很大力氣才能說服自己起床梳洗著裝，完全沒有生活的動力。

但是，其實不僅是這樣。一想到要離開充滿安全感的臥房，我就覺得渾身不舒服。我總是日復一日地看同樣的電視節目來逃避現實。我唯一真正感覺安全的時候是晚上，這時候每個人都睡了，只剩我獨自一人——感覺全世界都安靜了下來，只有我還醒著。

我害怕遭遇不幸，也害怕別人對我有所期待。我害怕自己會受他們的期待所苦，無法滿足那些願望。我在工作上毫無動力，難以展現自己應有的水準。我承受了巨大的工作壓力，時時刻刻都極度缺乏安全感。我該怎麼做？

獨處是這個男人恢復身心平衡的一種方式。重複播放電視節目的舉動，可以讓他知道接下來會發生什麼事，而這讓他感覺可以控制未來，因為他可以準確地預測結果。由於他在人生中遭遇過創傷，因此他從中獲得撫慰，是合情合理的事。關於創傷，稍後我們將在本章深入探討，但這種經歷往往會帶來衝擊。從這個男人的敘述看來，他似乎一直讓身體處於備戰狀態。緊繃的肌肉迫切地做好準備，以免下次「某事」發生時——不論「某事」是什麼事——他又受到驚嚇。我們跟他一樣，也會掉入這樣的陷阱，讓自己的身體與過往經歷——而不是當下的生活——形成連結。如此一來，我們會焦慮不安，而憂慮並不像我們下意識想的那樣來得有益。

為了處理壓力，人們發展出一些應對機制。有些人找親近的朋友或家人懇談；有些人則求助於冥想、心理治療、宗教信仰或運動。其他的應對策略就沒那麼有效了：酗酒、加班、執著於事情的表面而忽略了自身感受。熬夜、過度以工作為重、忽視身體需求、沒有個人或社交生活，這些可以都作為短暫的權宜之計，只要不會變成常態就好。不健康的應對方式有時會變得無以為繼，並在身體無法承受或過度勞累時引發危機。有一位女性來信表示，她曾經罹患飲食失調症，在自認已經康復的數十年後，因爲新冠肺炎疫情及丈夫去世又復發了。厭食症是她過去面對壓力時採取的應對機制，難怪她在承受巨大壓力的時刻舊疾復發。而她並不孤單：疫情期間，許多人都重拾了自我毀滅的行爲，因爲那是一段壓力爆棚與不堪重負的時期。承受過多的壓力並不可恥。人類的長處不在於復原，而在於認清並面對自己的脆弱。處於困境中的人最不需要的，就是感到羞愧——我們需要幫助與同情，而想得到別人的幫助與同情，就得從憐憫自己開始做起。

如果你需要停止胡思亂想，我要再次提醒你，注意自己的呼吸。現在就來試試：停止閱讀十秒鐘，注意你的呼吸。再來，停止閱讀二十秒，時間可以更長或更短都沒關係，重點是注意自己的吸氣與吐氣。這是你與當下的自己的接觸。注意到自己的呼吸時，你會放慢吸氣與吐氣的速度嗎？早上起床前，你可以躺在床上，花一、兩分鐘注意自己的呼吸。過了一段時間後，注意力會游離，請重新專注在呼吸上。我不知道你習慣如何，但我會在打字時暫停一下，花點時間做這個練習，並且感覺內心平靜了一點——每次的一點點平靜都有所幫助。每天專注呼吸五分鐘，就能促成正面的轉變。

同樣地，如果你感到焦慮，一個實用的練習就是掃描自己的身體，注意哪些肌肉是緊繃的，哪些是鬆弛的。我喜歡拿搜救犬來舉例。請你想像自己收留了一隻搜救犬。你伸手撫摸牠，牠蜷縮了起來，因爲牠害怕你會打它。這種反應是基於過去的經驗，但已經成爲這隻狗在當下組織身體的一種本能。人類也是一樣。如果我們過去基於某種原因而過度警惕，那麼現在身體就會保持緊繃，轉而影響我們的感受。我們的身體蘊藏著情緒。我們可以做的是，注意自己在思考或感受某些事情時如何組織身體，然後便可開始消除這種情況。試著收緊原本就緊繃的身體部位，放鬆原本就鬆弛的部位，每次上調或下調一個級別，並注意這樣做的時候有什麼感覺。你感到更焦慮，還是比較不焦慮？這麼做讓你感覺放鬆還是緊張？緊繃比放鬆來得容易，而當我們越來越意識到自己如何變得緊張時，便能開始試著瓦解這個系統。這項練習也能幫助你放下思緒，擁抱感官體驗。

我推薦另一種阻止焦慮在腦海中盤旋的方法是，將自己恐懼的事情一一條列寫在紙上，越具體越好。接著，把所有的「如果」改成「那又如何」，並注意這種用詞上的改變帶來怎樣的感受。我相信每個人都需要培養與保持內心的觀察力。當你感受到壓力、焦慮或忙得不可開交時，注意自己的感受或許不是你的優先考量，但你確實需要這麼做，因爲我們的感受就像汽車儀錶板上的燈號一樣，而拔掉加油警示燈不會是最好的駕駛策略。同樣的道理，我們也需要觀察自己的感受，而不是壓抑它們。它們的出現，是爲了告訴我們何時需要休息、何時需要玩耍、何時需要與他人聯繫。倘若我們忽視了感受，它們會抗議得更大聲；換句話說，就是會讓我們感覺更糟。如果你忽視感受、不去考慮它們，就得承擔情緒叛亂的風險。感受就像公司的員工，假使忽視它們或壓抑它們，它們就會起而反抗。我的建議是，傾聽感受的聲音，在做決定時將它們納入考量，並從中獲得助益。我們既不想忽視它們，也不想被它們支配。如同對待大多數的事情，我們需要採取中間立場，也就是在做決定時要同時徵詢腦袋與內心的意見。

觀察自己的情緒時，我們可以利用它們，而不是**被**它們利用。這意味著，當感受開始浮現時，我們應該注意它、傾聽它，接著才採取行動。當我們開始觀察一種感受，就能減少陷入那種感受的可能性。回到上述那位年輕男性的例子，「我害怕」與「我感到害怕」的說法是有差別的。「我害怕」的這種說法定義了整個人，而「我感到害怕」的說法則意味著有一部分的自我從旁觀察，因此依然能夠做出決定。我們可以考慮自己的感受，而不僅僅是對這些感受做出反應。

那麼，我們該如何培養觀察力呢？我會建議你每天記錄自己的心情、感受與觀

> **每日箴言**
>
> 觀察自己的感受，但不要陷入其中。這意味著，保有一小部分中立的自我並讓它去觀察，而不是任由感受完完全全地掌控自己。

察。這是你的一部分，它純粹觀察你不同的情緒與感覺，而不屬於你的感激、焦慮、愛或恐懼。從這個角度來表達。也就是不要說「我很焦慮」，而是說「我注意到我感到焦慮」。在自己與自己的負面情緒之間創造一種距離感。你甚至可以賦予它一個角色，稱之為「焦慮先生／小姐」或其他任何合適的稱呼，進一步拉大這個距離。這只是一個細微的調整，但影響重大。我如此建議那位年輕人，而他回覆表示，為自己的焦慮貼上標籤、給它一個名字，這麼做所帶來的改變比他想的要大得多。除此之外，與別人分享自身感受（甚至與陌生人通信），可能也減輕了他的負擔，因為記錄這一切讓他有機會觀察自己，而不是被焦慮所吞噬。

許多人來信問我該如何解決工作壓力過大的問題。我們都知道關於職業過勞的統計數據，但作為個人，我們最多也只能照顧自己到這樣——所屬的社會文化也有責任。如果我們助長一種只容許展現力量而不可示弱的文化，那麼我們本身就是問題的一部分。如果我們把利潤看得比創造利潤的人重要，就表示我們也是問題的一部分。我認爲，不該以心理諮商療程與正念體驗工作坊來包裝那種試圖以越少代價從員工與外包廠商身上獲取越多利益的不道德行爲。忽視員工就跟忽視自身感受一樣危險。我們需要的工作環境是，大家互相傾聽、體諒及合作，而不是互相對立。

克服自我批評

每個人的內在都有一個批評者，但有些人的批判力道較大。我們的信念系統承繼自我們在成長過程中所接觸到的人們。如果我們被別人看作毫無用處，或者要像他們那樣才是好的，這種思考方式就會成爲習慣。自我認可的不足，可能會導致我們認爲自己就是有所不足。這點從證明自我的渴望清楚可見，我們渴望讓那些從來都不相信我們的人看見，我們可以有所成就。然而就算我們做到了希望向別人證明的事情，似乎仍永遠都無法感到滿足。對許多人而言，這是自我批評的基礎——也就是內在的批評者，而它永遠都不滿意。

以下這封信寄自一位嚴重自我批評的女性讀者。

我是一個年近四十的女人，最近發現我不知道要做什麼才能讓自己感到快樂。我已婚，有小孩，在事業上也有不錯的發展，家庭經濟無虞。我對生活沒什麼好抱怨的。不過，我人生中一直想做一件事，那就是當一位作家。我透過一家大型出版社出版了三本書，但銷量都不好。因此，儘管別人總說我應該對此感到驕傲，但我覺得自己很失敗。我不斷告訴自己不要放棄，但我越來越難找到繼續嘗試的理由了。我堅持追求這個舊夢，只是出於習慣，另外也因為這是在一片灰暗之中逐漸消失的希望之光。

我要怎麼學會珍惜自己擁有的東西，不再感到空虛？

這個女人希望成為一名作家，如今也實現了願望，但她內心有個聲音告訴她，她是一個失敗的作家。通常，這個聲音並不像它認為的那樣有幫助。如果你跟這個女人一樣，心中也有個聲音告訴你，你不夠好、不夠聰明等等，因此無法追求你想要的東西，那麼我想請你問問自己，這個聲音是從哪裡來的？它讓你想起了誰？是害怕失敗而從未嘗試的父母親嗎？還是過於挑剔的老師？或是告訴你成功就是一切，而去做適合自己的事情一點也不重要的某個人或某件事？不管你想到了誰，那些人或許一直都在試圖幫助你，但做法與其背道而馳。請你確保你不會給自己施加壓力，認爲自己必須好還要更好，來證明他們是錯的。

我們的任務是認清內心的批評者。我們可以學著去觀察它，而不是認定它是對的。它的看法並不正確，而是令我們感到熟悉。這兩者有所區別。我們無法讓這個批評者安靜下來，它會不斷發出聲音，但我們可以觀察它、隔絕它、帶它到一個隔音的小房間，然後把它關在裡面。它會不時找到鑰匙開門出來，但我們可以對它說：「喔嗨，你好，你回來了，但今天不是個好日子，謝謝你。」不要與它對話或互動。當你用負面言語來描述自己時，請注意並遠離這種自我批評的想法。它們並不正確，它們是一種習慣，會打擊你的信心。

當然，我們有可能會犯錯，但如果我們想學到東西，犯錯是必經之路。如果我們犯了錯誤，那也是一件通常可以被導正的具體事情。另一方面，內心批評者所做的評論直截了當、概略籠統。它不會提出「你在釉料裡放了太多氧化銅，所以成品是黑色而不是綠色」這種實用的評論，而會說：「你眞沒用，永遠都做不好陶藝」。這麼一來，你就會知道是內心的批評者在說話，以及需要與它保持距離。

與其傾聽——或者更糟糕地，順從——內心的批評，不如將精力放在能帶給你快樂的事情上。在生命中，去做與自己的願望、希望與夢想有關的事。有時我們會犯錯，以爲自己必須擅長某件事，才能去做那件事。幸好，我加入的社區合唱團並不這麼認爲。我的歌唱技巧沒有明顯進步，但我喜歡那種共同努力的感覺，而且也認識了一些好朋友。重點不是評判自己的好壞。如果你認爲某件事必須做到非常出色，否則就算失敗，那麼你可能也沒有從現實角度看待這件事。重點在於做自己一直想做的事。認清了這一點，你就會海闊天空。

自我批評的另一種表現形式是內疚。內疚可分爲兩種：有益的內疚與神經兮兮的內疚。內疚就像儀錶板上的警示燈；那是一種不容忽視的感受。如果你能將內疚感與正在做或沒有做的具體行爲連結起來，就能肯定這是一種有益的內疚感，而這也代表，你需要做出改變。但是如果你已經盡了最大努力卻仍然感到內疚，那麼這可能不是因爲你沒有盡力，而是因爲內在的批評者使你感到內疚。這種感受更像是一種無法歸咎於任何具體事物的焦慮。

如果你認爲自己是個失敗者，又無法讓內在的批評者閉嘴，那就改變你對失敗的態度吧！失敗沒什麼大不了。失敗是必經之路。不曾嘗過失敗滋味的人，從來沒有成功過。我們的成功與否，既與外部因素有關，也與我們如何與自我對話有關。說到這裡，我想起一位讀者，他在信中談到自己的嫉妒情結。

我最近意識到，我是一個嫉妒心很強的人，這讓我非常不快樂。我羡慕每一個朋友、我的女友、我在社群媒體上看到的那些人，還有任何我認為有那麼一點「成就」或天賦的人。我把別人身上的任何正面特質，都看作是自己不具備的特質，因而幫自己扣了分數。

每天我都在拿自己與自己的工作跟我認識的任何人做比較，看看自己是否比別人「成功」或過得更好。走在街上，我總會看到比自己更有才華的人，看到自己永遠創作不出的藝術作品或永遠無法掌握的技能。

我整天都在糾結為什麼自己的作品不如人。我是創意產業的自由工作者。在這個領域，每個人的作品都會被拿來比較。這使我情緒越來越低落、越來越沮喪。我要如何才能殺死嫉妒心這個綠眼怪物呢？

我們無法殺死綠眼怪物，但可以重新塑造它。區別羨慕與嫉妒的不同。嫉妒的感覺比較像是我們不想與兄弟姐妹共同擁有媽媽的愛，或者希望競爭對手遭遇不幸；而羨慕就像是看到別人擁有我們想要的東西時的感受，與其認爲這是一件壞事，不如將它視爲一種訊息。我們可能很難洞悉自己在人生中想要什麼，而羨慕的感受可以幫助我們認清自身的渴望。不要把這種感受看成是一種病態，而應將它視爲心理運作過程正常的一部分，它能幫助我們識別自己想要什麼，並激勵我們展開追求。

每日箴言

將羨慕的感受視為一種提醒我們注意自己想要什麼東西的訊息。它可以作為一種催化劑，幫助我們識別自己想要什麼，並激勵我們展開追求。

然而，嫉妒會放大內在批評者的聲音。也許在成長過程中，我們總認爲自己比兄弟姐妹差勁或優秀。假使如此，長大後我們可能會將這種想法移植到自身的人際關係中，不斷與別人比較。當我們認爲別人的成功是針對我們而來，彷彿別人的成功不只與他們個人有關，還凸顯了我們的不足，我們就是在拿他們的外在成功與自己的內在不足感做比較。換句話說，我們是在拿別人的外在表現與自己的內心世界做比較。我會建議大家，多多瞭解他人的內心世界。與朋友、伴侶及同事談談嫉妒這檔事，瞭解他們在這種感受上的經驗。我們越是把這些羨慕的感受藏在心裡，內在批評者對我們的影響力就越大。

永遠都有別人比我們更有才華：我們應該向他們學習，並與他們合作，而不是把他們當作競爭對手或潛在的痛苦來源。如果有人擁有你覺得自己根本無法擁有的特質，何不與這樣的人合作呢？這正是為什麼我們需要團隊合作——每個人都擁有不同的特質，可以各自發揮所長、共同解決問題。我們不必做什麼事都只靠自己。

傾聽自己的內心獨白，它是否陷入了一個熟悉的模式中？請問問自己，面對拒絕時，你如何與自我對話。你是否認為：

(a)那些人缺乏遠見。

(b)他們是對的，我放棄好了。

(c)那些意見讓人難以納入考量。不過，有些值得參考，我會做出一些改變並繼續嘗試。

我們在大多時候會做出哪個選擇，可能在更大程度上與過去累積的經驗有關，而不是選擇當下最有利於前進的方式。如果你發現自己總愛與人比較，應該要慶幸自己察覺到了這件事，並轉移焦點。你不會一夕之間就進步，但只要多加練習，久而久之你就能改變這樣的處境。自我批評不過是一種養成的習慣罷了，你可以重新養成新的習慣。

找人當代罪羔羊

內在的批評者也會使我們難以直接解決問題，而是將一個問題歸咎於生活的另一個部分。一位七十多歲的婦人來信訴說，後悔與失望的感受讓她身心俱疲。她解釋說，雖然她看似快樂、平靜、外向、交友廣闊並且興趣廣泛，但這種表象掩蓋了她內心的不滿。她後悔太早結婚，覺得自己從未真正愛過丈夫。有時她會希望丈夫消失在她眼前，而這種感覺讓她感到羞愧，甚至在她婚後不久有了外遇之後，丈夫不離不棄的支持與堅定的愛讓她更覺愧疚。

婚外情結束後，她因爲寂寞難耐，與丈夫分開幾個月後又回到他身邊，如今在一起五十多年了。他與丈夫兒孫滿堂，她知道自己對許多事都應該心懷感激，但仍然後悔當初沒有選擇一個更吸引她、更適合她的人生伴侶。她也同樣如此看待自己的事業，工作占據了她許多時間，表面上看似成功，卻未能令她感到滿足。她之所以寫信給我，是想擺脫這些不滿與懊悔的侵擾，學會知足。

相信完美的選擇永遠都存在的這個想法，是一種信念系統，並非不容置疑。我隱約覺得，問題不是出在這位婦人選錯了終生伴侶，而是無論她做了什麼選擇，她都覺得自己選錯了。這正是爲什麼她對自己的事業也有同樣的感覺，儘管她仍持續投入其中。當然，我們都會遇到「滑動門」時刻（sliding doors moments），人生中留下一些遺憾也是正常的，但我認爲有一部分的她知道這種不滿是自己的內心出了問題。畢竟，她並沒有請我幫助她另找伴侶或另謀高就。她正確地將自己的問題看作是侵入性的想法，因此她內心深處明白，不是自己的選擇錯了，而是圍繞這些選擇的想法搞砸了一切。

這位婦人的預設感受是不滿，而她滋長這種不滿並讓它持續活躍的方式，就是玩後悔遊戲。她後悔自己的婚姻與事業。如果她後悔當初參加中學考試時選擇了哪些科目，或者對她與丈夫決定買下哪棟房子而感到遺憾，我也不會覺得驚訝。那麼，到底是哪裡出了問題呢？

這位婦人正在後悔遊戲中不可自拔，而還有許多其他遊戲或預設的思考方式會讓人備受折磨。有些人偏好憂慮遊戲：一個憂慮才剛消除，另一個憂慮又出現了。我們玩這些遊戲，就不必挑戰自己，因爲我們認爲自己習慣出現哪些情緒，是基於外部原因，而不是內在因素。我不是指外部的情況與事件不應該、也不會影響我們的感受，但這裡討論的是人們的預設感受、背景、習慣的狀態或情緒，以及讓自己停留在這種狀態——即使它令人不快——的方式。好消息是，我們有能力改變這一點。

二十世紀六〇年代，控制嚴重癲癇的少數方法之一，是切斷左右腦的神經連結。爲了進一步驗證這個方法，神經科學家羅傑・斯佩里（Roger Sperry）與團隊做了一些實驗，看看當左右腦無法相互交流時，會發生什麼事。他們發現，人類總能找理由來解釋自己爲何會有

每日箴言

將心中的不滿歸咎於外在的某件事，要比探究內心以找出原因容易得多。

某些感受，而這些理由往往純屬胡扯。我們圍繞著自身感受編造故事與理由，而這些故事與理由完全是無中生有。

科學家只在受試者右腦的視野中閃爍「走路」的指令時（方法是遮住右眼，因為左眼與右腦相連，反之亦然），受試者會起身行走。事後被問到原因時，受試者總能想出一個理由。他們不會說「我不知道」、「我感覺到這麼做的衝動」，或「實驗人員給了我一個信號」。不，在這種情況下，我們所做的就是想出一套說法：看來這不是我們能控制的。受試者會說「我需要喝杯可樂」或「我感覺手腳有點僵硬，需要起來走走」。換句話說，大腦的意義建構區——在實驗中與大腦的感受區隔絕的那個部分——編造了一套故事。

即使左右腦的神經連結沒有被切斷，我們也能想出理由來解釋自己的感受與行為。而當大腦找不到理由時，我們往往會想到最親近的物體或人，認為他們就是使自己不開心的原因。回到這個案例研究，這位婦人認為自己之所以感到不滿，是因為她嫁錯人或太早結婚。儘管她覺得離開丈夫比跟丈夫一起生活的日子更難受，但她依然堅信，丈夫不是合適的對象是造成自己不滿的原因。人會如此，是因為我們很難檢視自己的真實感受、重溫最初的記憶，並且區別我們的理由與經歷。我們很難在沒有想法與理由的情況下感受自身情緒。

就我從事心理治療的經驗而言，我們賦予自己的敘述越多情感，它就越不可能是感受的眞正成因。仔細想想你會發現，我們看待事實時是情感中立的。如果我說草是綠的，即使你認爲它是藍色的，我也不會因爲你持不同意見而生氣。換個角度，如果你對我認爲是事實的一個觀點提出質疑，指稱它其實只是一個想法，那麼我在回應時就會積極辯駁，情緒也會變得高漲。舉例來說，如果你認爲狗向來是一種比貓咪更棒的寵物，我跟你就有得辯了。我認爲，這位婦人想到她的丈夫時，會產生一種強烈的情緒來支持她所習慣的思考過程，那就是她會感到不快樂，是因爲做了錯誤的選擇。她或許並沒有做了錯誤的選擇。她的丈夫也許是一個令人滿意的終生伴侶，而我也許其實能夠接受養一隻狗來作伴。我們會習慣自己的想法與思維，但它們不是眞理。

有時候，我們可以將負面的感受與經驗抽離自我與自己的身體，而不是把問題怪到別人或其他對象頭上。身體畸形恐懼症（body dysmorphia）是一種心理健康疾病，患者會非常在意自己身體的缺陷，不斷爲此感到擔憂。這與別人是否認爲那些瑕疵是缺陷無關，患者依然會對此感到羞愧與焦慮，進而對生活造成負面影響。身體畸形恐懼症的病因可能是幼時曾遭到他人的嘲笑、霸凌、過度批評或虐待。公開談論自己的身體未必是一件容易的事，但如果我們對自己的外表感到不自在，關鍵的第一步就得這麼做。

以下這封信就是一個例子，寄信人是一位中年男性，從他的敘述看來，他有可能得了身體畸形恐懼症。

> 我的陰莖尺寸很小。我十四歲左右的時候，在學校的更衣室裡被一個男孩當眾說「雞雞很小」。我覺得很丟臉。在那之前，我從來不覺得陰莖的大小有關係。
>
> 從新聞媒體報導看來，陰莖小似乎是一件可笑的事，而且有損男子氣概。「男子氣概」一詞是一種委婉的說法，將富有魅力的男性特徵與雄偉的陰莖尺寸畫上了等號。
>
> 我今年五十五歲，育有三個孩子，與太太的關係幸福美滿，性生活也很棒。你肯定會說，如果我的伴侶感到滿意，我就應該想辦法克服自己的不安全感。我的生活有許多值得感謝的事。現在的我不可能再「四處拈花惹草」了。但我對自己的陰莖尺寸感到擔憂、煩惱與沮喪，四十年來一直是如此。

成長過程中，我一直承受「他會失敗」的眼光，並且產生了根深蒂固的低自我價值感與不配作為人的羞恥感。因此，這種「有所不足」的「證據」加深了我不如人的感受。我尋求了心理諮詢，但我覺得諮商師並未認真看待我的問題。到現在，我依然對自己不能以理想中的方式「加大陰莖尺寸」感到心碎。我心中有一股真實的憤怒，無法接受那種嘲笑一半男性的陰莖尺寸小於平均的舉動似乎無傷大雅，像是「喔，他開一輛引擎蓋那麼長的大車，是想彌補什麼缺憾？」我要如何才能學會好好愛自己，不去在乎這個對我來說如此重要（而且被多數人指指點點）、使我不得不隱藏自身羞恥感的身體特徵？

從他的信中可以看出，他在成長過程中總被別人認爲會失敗，而且經常因此而覺得自己有所不足。我不認爲他的陰莖大小證明了這一點，而是這在他心中象徵了他在成長過程中所受到的對待。陰莖成了他在生活中遇到的所有其他問題的代罪羔羊。當他十四歲時因爲身體的一部分在更衣室受到別人羞辱時，他的大腦就把這種感受與他一直以來的自我不足感連結了起來。在此之前，他每天遭受的痛苦羞辱，都被歸咎於這個無辜的身體部位。於是每次他在公開場合或私底下聽到任何關於陰莖尺寸的言談，內心便傷得更深了。

身體焦慮症有許多表現方式，可能在於特定的身體部位（譬如上述那位男性的陰莖），也可能在於體重、身高、性別、臉部特徵、皮膚狀況等等。比起這些細節，它們所象徵的心理痛苦更重要。對於身體焦慮症患者而言，他們會為了身體的某個部位而感到煩惱與糾結，這種焦慮可能時時刻刻存在，有時暗伏在潛意識裡，但往往都占據了心中最顯著的位置。

許多人可能會想，如果有一種安全的整形手術可以「修復」他們不喜歡的部位，這種焦慮就會被治癒。但是事情沒那麼簡單，因為他們永遠不會對結果感到滿意：身體畸形症患者的問題不在於某個身體部位有缺陷，而是那個身體部位承擔了他們在成長過程中遭受心理創傷的責任。他們可能覺得是自己身體的某個部位有錯，或是社會有錯，但其實是他們在成長過程中對自我的看法出了錯。

雖然自我批評的聲音似乎不可能消失，但我們可以與它建立不同的關係。不論你發現你將自己的負面情緒怪罪於別人、自己的選擇或身體，若想控制這些侵入性想法，可以從觀察它們著手。你可以承認自己無法完全阻止它們，但不要認真看待它們。不要被自己的想法牽著走：應該要觀察它們，而不是變成它們，如此一來，你會比較不容易受它們所影響。這需要每天練習，需要你特別花時間進行。多年來，內在的批評一直向你傳遞關於自我的負面訊息，但這種批評與眞相無關，只是令你感到熟悉罷了。

練習觀察想法時，你會更清楚地知道自己如何體會感受，並且能將這些感受與你為此編造的原因區別開來。我們未必總是有理由去體會自己的感受。如果你無法忍受這麼做所產生的眞空（而許多人都做不到這一點，我們人類畢竟是創造意義的生物），那就編一個更好的故事。我們向自己說故事的一個好處在於，我們可以控制故事的走向，使它充滿樂觀的看法。這麼做不會使它成為現實，但就像我在第一章所說的，如果要做夢，就做個美夢。如果你能多放點注意力在正面的想法上，少關注負面的想法，就能控制自己的思想。

極端的身體畸形症通常不會自行好轉。如果放任不管，這種症狀會隨時間而惡化。標準的療法是認知行為治療與／或抗憂鬱藥物治療。如果你對身體畸形症的敘述感同身受，我建議你透過家庭醫師詢問相關資訊。雖然不是標準療法，但我個人傾向藉由催眠來治療這個病症，因為你會需要切斷自己在心理與身體之間創造的連結。

如何面對創傷

今日，人們遠比過去更加了解童年創傷所造成的影響。我很遺憾地聽過許多關於創傷及其影響的故事，它們全都令人揪心。有個男人寫了一封感慨萬千的信給我，描述他艱辛的童年，以及這段時期在之後如何成了他的夢魘。

我不想活了。我有一份穩定的工作，儘管我花了很長的時間與付出巨大的努力來證明自己的價值。我還有一位很棒的妻子、一個可愛的孩子，並即將迎來第二個孩子。但是，我就只是活著而已。今年唯一一次自然發生的事件，是我們全家感染了新冠肺炎。是的，我明白人生艱難，只能咬緊牙關撐下去。

我從小就有這種感覺。我經歷過的事情你肯定聽過幾百遍了：爸爸去世了；繼父虐待全家；媽媽變得麻木不仁；我和妹妹孤苦伶仃。我沉迷的生活，不是徹底與世隔絕（到鳥不生蛋、冷得要命又沒有訊號的地方過著砍柴生火的日子），就是面對殘忍可怕的遭遇（像是被車撞等等）。另一個我從小就有的幻想是自殺，但有了妻兒要養之後，這個幻想就退居其次了。

我希望自己不存在，希望自己從未存在過。我覺得我的整個人生有了污點，走錯了方向。我現在肯定不會自殺，因為我有兩個孩子，我別無選擇。太太建議我接受治療。我覺得治療的幫助有限，也懷疑治療是否能讓我的生活不再單調、變得更有意義。它也許能教會我適應單調的生活？而接受了這一點，我就應該繼續過生活，安慰自己總有一天會離開人世？

我知道這聽起來很自私，我應該把孩子放在第一位！但如果我對生活麻痺、完全沒有前進的動力，那麼不管我有多想以孩子為重，又怎麼做得到呢？我感覺自己只是在浪費時間。

這個男人在設想我聽過類似經歷的同時，淡化了自己的創傷，因爲許多人都有這樣的遭遇。一起事件不必非得罕見或駭人聽聞才會造成創傷。我們遭受創傷時，大腦掌管理性的區塊似乎無法說服掌管感性的區塊脫離現實。我們無法「強制」自己產生不同於現實經歷的感受，再說受到如此傷痛所影響，並不是一種利己的行爲。我們不該要一個飽受創傷後遺症所苦的人忍耐，就跟我們不會告訴一個斷了腿的人「牙一咬就過去了」是一樣的道理。

根據他表示母親「麻木不仁」的敘述，我推測她可能有解離的情況，並懷疑他可能也是如此。當生活充滿恐懼、讓人難以應付時，我們的身體就會進入解離狀態。這種狀態就彷彿心靈與身體斷開了連結，好讓個體脫離自己的生活。大腦的情感區塊會受到阻隔，努力不讓創傷的感受與記憶浮現。主掌理性的區塊可以照樣工作、賺錢、建立良好的連結與人際關係，但個體沒有任何感覺或體會。切斷自己與感受的連結，是一種經歷遺棄與虐待後的生存方式：這是一種身體反射。身體被困住時，這種反射能讓我們的精神脫離現實。解離或壓抑的問題在於，我們無法在不阻斷所有感受的情況下，只對一種感受麻木，而且不幸的是，這種情況往往在威脅消失後仍長久持續。在了解何謂解離及如何識別這種狀態之前，我們很難、甚至不可能控制它。

身體解離有不同的方式，也有不同類型的治療方法。有時醫生會建議的一種治療方法是EMDR，意指眼動脫敏再處理（Eye Movement Desensitization and Reprocessing）。這個方法可以重新連接大腦的感性與理性區塊，幫助我們處理記憶與感覺，如此就能控制它們，而不是受這些感覺所控制。如果我們壓抑一段經歷、不透過言語（或圖像）去表達，等到之後想起那段經歷時，我們就會感受到與當時相同的感覺。或者，我們會感覺自己有可能再次經歷那些感受，腦海中再次出現創傷的情景，就好像正在經歷創傷一樣。如果當時的感受是悲傷、羞愧或恐懼，有些人會比其他人更容易懷抱憤恨，而不敢再次放下心防。

將創傷留在過去很重要，否則事情就會歷歷在目，彷彿仍在發生一樣。舉例來說，如果戰爭期間你在外頭被炸傷了，之後你在心中壓抑了這段經歷，那麼即使戰爭已經結束，上街也比較安全了，你可能仍會害怕得不敢出門。你甚至會忘記自己為什麼恐懼，但依然阻止自己這麼做。你很可能會糾結於其他原因而害怕得不敢出門。如果你在處理這段經歷時能夠拉開過去與現在之間的距離，就能活在當下，擺脫過往的枷鎖。

當你有足夠的勇氣透過言語描述不堪的往事時，就逐漸能夠控制它。我們越坦然面對心魔，它就會變得越不可怕，這就跟我們越常使用鉛筆，筆尖就會變得越鈍一樣。儘管如此，在試圖使創傷經歷變得可控，與回顧創傷經歷而造成二度創傷之間，仍有所不同。心理學家沃爾特・米歇爾（Walter Mischel）發現，談論創傷未必像一般建議的那樣能減輕負面影響，如果透過有害的方式談論，事實上反而會加深創傷。

個案想起可怕的經歷時，我會鼓勵他們與我保持目光接觸，這樣他們就不會回到惡夢中。這有助於他們意識到，這次他們可以控制局面。一旦創傷可以化作言語，便會成爲過去，而不是像仍在發生的那樣歷歷在目。促進這個過程是一門藝術，而不是精確的科學，而且也未必每次都能奏效。米歇爾爲此設計了一個實用的技巧。他指出，如果個案從「暗中觀察者」的角度描述這段糟糕悲慘的經歷，以第三人稱指述自己，就能減弱創傷的影響。這麼做能拉開他們與傷痛之間的距離，讓他們對更深入地思考那段經歷，而不會自我毀滅。

有一種談論創傷事件的方式讓人聽起來感覺像是強迫症，那種情況通常是失戀，或是當事人覺得自己受了委屈，並確信自己是對的。一個人若在談論自己的傷痛時執迷不悟，就彷彿是在助長傷痛，而不是減輕傷痛。我們受夠了朋友這麼做時，會說他們是在「討拍」。這在心理上就等同於被蚊子叮了之後抓個不停。如果不停止抓撓，傷口就會繼續發癢，並可能受到感染。解決這個問題的辦法是培養自我意識，以控制自己的想法，而不是任由想法擺布，如此一來，你就能繼續前進，而不是原地踏步。與別人討論自己的問題不是件壞事。多數情況下，即使沒有必要，這也是一件好事。然而，如果不斷回顧創傷，卻沒有學會與創傷保持距離，也未能控制記憶，便於事無補。

我認同米歐爾的觀點，那就是沉溺於創傷有可能弊大於利。但是一頭埋進沙子裡，也無助於走出傷痛。這牽涉了許多複雜的因素。如果你有興趣瞭解更多有關創傷的事，我強烈推薦貝塞爾・范德寇（Bessel van der Kolk）所寫的《心靈的傷，身體會記住》（*The Body Keeps the Score*）一書。這本書解釋了創傷如何影響身體、追溯創傷治療的演變，並介紹了常見的治療方法，包括藥物、談話與身體療法。這是一本相當易讀的書，其中收錄了許多個人故事與案例研究。如果我們曾經遭受創傷，並且仍然擺脫不了創傷的後遺症，那麼瞭解各種不同的治療方法及其優缺點是非常有用的，可以讓我們更能掌握自己所追求的選擇。

如果你像上述那個男人一樣，在生活中有如行屍走肉，我希望你能明白，你不會永遠都是這個樣子。你在過去所接受的幫助不管用，並不表示你的人生已成定局，而是意味著你受到了錯誤的幫助。不論再怎麼絕望與陰鬱，感受都會有消逝的一天，有時你不必特別做什麼也會如此。

最近我與一個因爲妻子打算離婚而動了自殺念頭的男人互通電子郵件，他不怪妻子有這個想法，因爲他一直以來都過得了無生趣。他預先寫好了一封給我的電子郵件，排定在他結束自己生命後寄出。我收到信後，只回覆請他致電撒瑪利亞防止自殺會（Samaritans）。幸好，他設定了錯誤的時間，而我的回信及時寄達。我的回覆改變了他的心情，他望向窗外時注意到窗門壞了，那個下午都在試圖修好它。等到他回信時，已經打消了自殺的念頭。他依然感到沮喪，但一封簡單的信件似乎就足以讓他能在修理窗門的過程中找到目的感與意義，也引導他走向其他條路。

我再次回信，請他幫我一個忙，尋求心理醫生的協助，與他們談談自己的感受與自殺企圖。我也請他與我分享心理醫生的見解，並且對於不久後便收到回音而感到高興。他先是尋求家庭醫生的協助，之後被轉介至國民健康服務成立的地方緊急照護專線及健康心靈（Healthy Minds）組織。

這個例子說明了人可以如何度過生命中的某個時刻。我不是說這位當事人已脫離險境，但由於他提前寄出了那封信，而我也立即回應（我很少這麼做），因此他能活到現在。你也會注意到，我做的事並不特別。我只是請他致電撒瑪利亞防止自殺會，而他最後也沒這麼做，因此這項建議並不是重點。我與他之間的通信往來促成了轉變，關鍵不在於我說了什麼，而是那個令他絕望的時刻已經過去。如果你正處於萬念俱灰的時刻，請向撒瑪利亞會求助（他們二十四小時全天無休），難關總有一天會過的。

獲得滿足感

我們在生活中做決定主要依據兩點：內心的感受，以及相對地，外界對我們與他人的看法。我稱之爲內外參照。有時，這兩種驅動力會互相抵觸。若想獲得滿足，你需要在更大程度上向內探究自己的感受，而不是向外參考事物的表象——即使它們看似值得參考。我收過一位老師來信，他因爲難以在這兩者之間取得平衡而苦惱。

為什麼我們要根據行為來定義一個人？我在想，這是否限制了我的生活。每當認識一個人，我們閒聊時難免會問「你是做什麼的？」現在，我準備好回答這個問題了。我是一位老師。

雖然工作能帶給我成就感，但我也承擔了巨大的心理壓力，不但要監督學生的教育，也越來越需要為他們謀取福利，讓我很難兼顧家庭與工作。我時常在想要不要放棄這份工作，改行從事比較不燒腦的職業。當老師是我二十年來對自我的定義。如果要我用一份非專業工作來描述自己，我無法接受。我無法想像自己對別人說：「我的工作是堆疊貨架」或「我在狗狗日托中心工作」。我試著與父親討論這個問題，他說如果我辭去工作，他會「很失望，因為我喜歡跟別人說我兒子在教書」。

我問過孩子長大後想做什麼，而我知道當他們傾向需要專業技能的工作時，我無意中表現出更為贊同的樣子，但我現在意識到，我只希望他們快樂就好。那麼，我該如何鼓起勇氣做自己，而不貼上任何標籤呢？我又該如何向女兒們灌輸這種思想呢？

許多人都努力讓別人看到自己有所成就，爲了讓履歷好看而選擇工作，而不是爲了當下的滿足感著想。如果我們能夠選擇自己要做什麼工作，那麼喜歡自己投入工作時的感覺很重要。我認爲，這比單純喜歡工作這件事更具有意義。工作令你感到滿足，不應該只是因爲你與其他人覺得正當又體面，也應該因爲它讓你感覺良好。

我建議任何對這位老師的感受心有戚戚焉的人多多探究內心（也就是理清一件事帶給你什麼樣的感受），減少向外參照（也就是在乎別人的看法）。我不是說所有的向外參照都不好。這麼做也可能導致另一種極端情況：假如我們完全不在意自己在別人心目中的形象，只關心自己的感受，就可能無法因應所處的文化環境做出必要調整。然而一般來說，我們在做決定時應該多多重視自身感受，少去考慮事物的表象。這聽起來像是常識，但我還是要特別強調——我們越是透過言語表達這些事情，就越容易解決問題。

我們所執著的身分象徵並未獲得普遍認可。對於法律界以外的人而言，你是地方法官、高等法院法官或上訴法庭法官，不代表任何意義，因爲多數人只會認得「法官」這個頭銜。很少有人會因爲你有了新的職稱或換了新工作而看輕你，也不會因爲你處於工作的空窗期而瞧不起你。這種區別對領域以外的人們來說似乎並不重要。

我看到這種情況發生在人際關係與職涯，有些人即使婚姻不幸福仍選擇繼續維持，因爲他們認爲只要表面上看起來沒問題，就會船到橋頭自然直。我收過一封年輕女性的來信，她因爲前男友與她分手而感到絕望，但在同一封信裡，她描述他們的關係疏離、充滿批判，且性生活「一直都很糟」。然而，她的家人卻經常說「他們看起來就像一對神仙眷侶」。爲什麼她覺得這樣就夠了？我不認爲應該如此。女人通常都被灌輸一種觀念，丈夫與孩子是滿足感的來源，眞正的幸福在其他地方是找不到的。我想，許多人下意識都有這樣的想法，認爲這才是幸福。我不怪任何一位女性被這種公主落難的夢幻故事所同化：總有一天，王子會來拯救她們，從此一起在魔法城堡裡過著幸福快樂的生活。但是，這種想法只是一種內向投射（introjection，意指無意識地內化一種文化態度或他人的態度，並認爲這種態度是出於自我）。

若想擺脫這種狀態並獲得滿足感，我們需要拋開所有那些暗示或告訴我們幸福應該是什麼樣子的想法，然後找回眞正適合我們個人的方式。最棒的是，這是一段充滿未知與引人好奇的興奮旅程。我們可能會對自己在過程中的發現感到驚訝。

這讓我想起一位即將成爲醫生的讀者寄來的一封信。

我喜歡研究醫學，因為我想幫助別人並改變他們的生活。我相信，作為一位醫生，能有很多機會為社會做出貢獻。醫學是我人生中最重要的事情，因為它將成為我的職業。這是一件大事，因為我能對人們的生活產生重大影響。但是我覺得我與醫學之間有一種距離感，這件事非常重要，而我不明白為何會如此。

我覺得自己可能會輕易搞砸事情。秋天我就要開始到醫院實習了，也打算趁這個夏天學習一些關於病理生理學的知識。我自學了許多東西，包括英語、德語、法語、幾何學、生物學，而我一直很享受這段過程。但是，我無法為了想攻讀醫學而整天待在書桌前。我有這股欲望，但……我不打算這麼做。這感覺就好像我永遠無法學到所有知識一樣。不管我再怎麼博學多聞，還是會有不知道的資訊。

我把每件事都看得太重要了，當一切如此嚴肅、感覺生死攸關時，我無法樂在其中。有沒有方法能讓我不要把醫學看得那麼重要、那麼嚴肅、那麼危險、那麼沉重？我要怎樣才能從中找到一些有趣、愉快或令人享受的事情？

我們大多數人都有一個「意志力」（Willpower）的子人格與「內在反叛者」（Inner Rebel）的子人格。意志力子人格會說話，而內心叛逆者會採取行動。很多時候，我們熟知「意志力」想要什麼，也知道「內在反叛者」不想做什麼——不論那件事有多麼乏味無趣，或者有多麼「對你有益」。但是，內在反叛者想做的又是什麼呢？我們需要好好瞭解自己的「內在反叛者」，否則它只會找藉口逃避它不想做的事。

許多實驗顯示，老年人通常比年輕人更容易滿足。我們之所以更知足，是因爲當越來越接近生命終點時，我們不像年輕時那樣關注未來，那樣爲往後的事情做打算。我們活在當下，充分利用每一天，因爲我們知道這些日子過一天就少一天。這教導所有人應該把握當下，而不是沉溺於已經發生或尚未發生的事情。心理治療訓練中有句話是這麼說的：「如果你一隻腳留在過去，一隻腳踩在未來，就表示現在的你在虛度時光」。

當然，一套做法不可能適用所有人。如果我們從來不做任何計畫，生活就不會井然有序，我們不會去買菜，冰箱裡也不會有食物可吃。求學時期，我們靠「意志力」強迫自己寫作業，以期將來可以過更好的生活，這是件好事。但我認爲，重點是戒掉做什麼都要擬定計畫與擔憂未來的習慣，轉而學習享受當下，並將其視爲另一條通往滿足感的道路。隨著年齡漸長與身體日益衰老，我們明白什麼事可以帶來快樂與滿足，普遍而言，這些事往往是人際關係：也就是我們與家人及朋友的關係，與鄰居及店家的關係，還有與那些屬於自己的舊書、舊畫、舊物及舊觀念之間的關係。

「內在反叛者」可能想要一點樂趣，也許是一些風流韻事，也許是某種休閒活動。找出它想要什麼，並與它達成協議。否則，身體就會有所反抗。這可能意味著我們得像安排工作一樣地重視休閒娛樂。正如耶胡迪・梅紐因（Yehudi Menuhin）所說：「只要是你眞正想做、而且喜歡做的事情，就必須每天做。這應該要像鳥兒在空中飛翔一樣地輕鬆自然。我們很難想像一隻鳥會說：『我今天累了，不飛了。』」

我們不僅是一個角色而已——可能是醫生、老師、某人的女朋友、父親或其他角色。不要讓這種角色的概念以及你爲這個角色所賦予的意義抹殺了作爲一個人的自己。我們周遭的人需要的不只是一個扮演角色的人，他們需要的是一個眞實的人。不要忘記時刻探索自己的欲望來自內心或受到外在刺激。探究內在的「意志力」子人格想做什麼與爲什麼想做那件事，以及「內在反叛者」想要什麼。

我們不必在頭腦與內心之間擇其一，我們可以兩者兼顧。頭腦可以傾聽內心的聲音，在做決定或不做決定時將其納入考量。我認為，若想探索自己真正渴望的是什麼，必須同時傾聽頭腦與內心的聲音。我們將需要用心探索、活在當下，問問自己對這些經歷有何感受，並讓這些感受引領我們前進，而不是依循自己認為什麼可以帶來快樂的想法。

獲得滿足感，意味著在你的這兩個部分的自我之間找到了折衷辦法。如果你發現自己困在一個看起來不錯的職業或環境中，請回頭閱讀第三章，並且記住，改變人生的方向永遠不嫌晚。

每日箴言

多多探究內心，少向外參照。想做某件事——喜歡它、享受它——才是足以讓你花時間投入其中的理由。

活出意義

維克多・法蘭克於一九四六年出版的《活出意義來》（*Man's Search for Meaning*）一書

中提到，有一個男人來找他治療，因爲他自從妻子去世後一直想尋死。法蘭克問他，假如換成是他先離開人世，而妻子必須過著沒有他的生活，會發生什麼事。那個男人回道，那對他的妻子而言是件可怕的事，她會過得很痛苦。法蘭克點出，他自己受苦，意味著妻子得以免於承擔苦痛，但是他必須承受獨自過活與爲妻子哀悼的代價。苦難在獲得意義的那一刻起就不再令人痛苦了。法蘭克無法讓這個男人的妻子起死回生，但成功改變了他看待痛苦的態度。

法蘭克還引用了尼采的名言：「知道爲何而活的人，幾乎可以承受任何事情。」（He who has a why to live can bear with almost any how.）存在主義哲學家認爲，生命毫無意義，而人活著的任務就是接受這一點。人們往往試圖透過爲死亡賦予意義來解決無意義的問題，藉以淡化毀滅的恐怖與匱乏的淒涼。宗教信仰或許能促成轉世或永生，或者讓人死後得以變成天使，並在蓬鬆柔軟的雲朵上優雅地彈奏豎琴。有些人也許會試圖否認，堅稱「我不怕死」。眞的嗎？「不，我死了就死了，就這麼簡單。」眞的嗎？「當然，如果我是活到最後的那個人，如果我的家人都先走了，我就會害怕孤獨一人，但說到死亡這件事，不，我不怕死。」你可能會問：「那麼當你開車到一半煞車失靈，或者坐雲霄飛車時，爲什麼會尖叫？」我們會尖叫，是因爲我們生來就害怕死亡，但我們試圖透過尋找理由或否認死亡的存在來安撫自己。

我們唯一能做的就是從死亡中尋求意義，要不從哲學或宗教中選擇一種現成的意義，要不自己創造新的意義。我認爲我死後，一小部分的我會存在別人心中，因爲我深愛過他們，而我希望他們也能帶著這份愛活下去。這都是在創造意義。我根據自己的感受創造了這個意義，但我也憑空創造了它來撫慰自己。我大聲說出這些話的同時，感到侷促不安，這不過是生命線上的一根細絲，脆弱不堪，聽來俗套陳腐且未必成眞。但是就如同許多抱持著無法證實的信仰的人們，我盲目地捍衛這個信念。

看看凱特（Kate）——一個壽命將盡的女人——寫的這封信，我們可以知道對她來說，什麼才是最重要的事。

> 我需要您的幫助。事實上，應該說我需要一位女性治療師的幫助。雖然我已經有一位非常好且讓我受益良多的治療師（在我四十三歲時被診斷出罹患癌症後的那三年裡，他幫我了許多忙），但我發現我想做的事情可能太過女性化了，因為當我跟他

提及此事時，他說：「女人家才這麼做」。

簡而言之，我嫁給了一個好男人，生活幸福美滿。我沒有自己的孩子，但有一個二十四歲的可愛繼女。我確診罹癌時，成天忙著工作。經歷多次化療與無數回泣不成聲，預後並不樂觀。儘管如此，我依然繼續過日子，並在到倫敦旅遊的期間寫了這封信。儘管我很遺憾這麼快就要面對死亡，但內心還算平靜。讓我痛不欲生的是必須撐到嚥下最後一口氣的那一刻。

我渴望在來生安排我那即將逝去的人生。我想像著喪禮要播放什麼音樂，想著如何讓前來悼念的每個人好好與我道別，我希望面面俱到，細心地像是在策劃婚禮似的。這感覺就像我被迫離開家裡，敞開大門且不管接下來會發生什麼事。而第一件發生的事是，家裡那隻貓溜了出去，因為我親愛的丈夫從不關門。

看著我那多愁善感的丈夫眼睜睜地看著我死去，實在令人心如刀割。我不想結束這段緣分，我們的日子正精彩呢！我想，他應該希望我死後還能「陪在他身邊」，我也希望如此。也許，我已經回答了自己的問題。

我應不應該先寫好一疊生日卡片，託朋友每年寄一張給他？我要留一箱好書給他嗎？要不要預先寫好一些深情款款與替他加油打氣的紙條？假如我這麼做，那他未來再娶的妻子又會怎麼想？我如果寫一本相處守則給她，她應該會覺得很受用，畢竟我的丈夫很難搞。

我要如何才能帶著溫柔仁慈的愛死去？您看過有人在死後如此無微不至地安排自己的人生嗎？天啊，我真的是瘋了才想這麼做。

我要感謝她寫了如此柔情似水的一封信，示範了如何溫柔慈悲地告別人世。這種想法並不瘋狂，而是美麗良善的。她的確回答了自己的問題，而我也把她的想法記了下來好作爲往後的參考。我很欣賞她想留給丈夫一些好書、夫妻相處守則、溫馨的小紙條與生日卡片的做法。我認爲這些結果是她的藝術，是愛的遺緒。臨終時，她清楚意識到生命中最重要的事——爲她的生存及死亡賦予意義的事——是人際關係，其中包含了她對丈夫的愛、對繼女的愛及對貓咪的愛。我越想越覺得，人際關係也是我生命中最重要的事。凱特在渴望爲自己的離世做好一切安排的同時，也珍惜這些連結並心懷感激。

我們能從凱特身上學到什麼呢？她的死將讓她的丈夫心痛如絞，但如果辦一場美麗的葬禮，會讓他比較容易接受這件事，而熟悉的衛生紙也有幫助。我母親去世後，父親想知道她平常買哪一個牌子的衛生紙，這樣他就不必再費力適應更多轉變了。這些看似微不足道的事在我們悲傷時變得舉足輕重。「掌控」與做好計畫未必是壞事。凱特盤算的待辦清單與計畫留給丈夫的夫妻相處守則及書籍，不但可以指引她的丈夫與繼女，也能讓他們睹物思人。精神分析學家心理分析師唐納德・溫尼考特將我們拿給孩子作為安撫物的泰迪熊稱為過渡性客體（transitional object）。當我們不能陪伴在孩子身邊時，這個物品可以讓他們想起我們的存在。

遺憾的是，凱特沒能戰勝病魔。她過世後，我寫信給她的丈夫，雖然他還沒有找到她寫的任何卡片，但他發現了她留給他的另一批物品──關於如何面對喪偶一事的書籍與她給他的私密紙條。這些禮物是他的慰藉，而我相信他一定會珍惜它們並心存感激。我想，這一切對她來說也是一種過渡練習，好讓她還在世的時候不會感覺自己突然就死了。而如今她走了，還能留下一些有形的東西。每個人都需要盡自己所能，讓自己活得更有尊嚴，為自己的死亡賦予意義。

如果我們覺得自己的人生毫無意義，就會被絕望的感受所吞噬。以下舉另一位讀者的故事為例。

我每個星期會看一次心理醫生，但心中有一股可恥且持續存在的絕望感。我覺得自己過得很悲慘，怎麼努力都沒有用。我不喜歡工作。我討厭必須跟著別人的行程表走、傳送毫無意義的電子郵件、開一些毫無意義的會。我討厭朝九晚五的生活、漫長的通勤時間、休假得看人臉色——每天就只是睡覺與工作而已。

我家沒有庭院，鄰居成天製造噪音。我的收入不至於讓自己餓死或為了房子而煩惱，但我既沒錢度假，也沒錢去餐廳吃飯或買衣服和書籍。

我有很棒的家人與朋友，還有一個愛我的伴侶，但我非常不快樂。我要怎麼對身邊的人吐露心聲呢？我覺得自己就像個任性的孩子，一遇到問題就嚎啕大哭。我不知道如何才能在這個世界上積極地活著，並且活得快樂。

有一些不幸的發生無可避免。過得不快樂是一件事，但我們不必對自己的不幸感到羞恥，承受雙重打擊。許多父母不忍心見到孩子不快樂，因此雖然他們無意讓孩子在傷心難過時覺得自己不受歡迎，但孩子長大後卻深信自己是如此。如果我們長大成人後不認眞看待悲傷，或者對此感到羞恥，就會更難在成年後學習如何與悲傷共處。

我認爲應該對那些棘手的感受抱持開放的態度，因爲它們就像警鈴一樣，提醒我們需要把生活過得更有意義。我們在年幼時覺得有道理的意義，會需要隨著年齡的增長而修正。常見的情況是，某種危機或難以承受的感受促使我們必須重新思考生活的意義。也有人不同意我的觀點，認爲應該緩和這些棘手的情緒。我確實認爲精神用藥有其用效果，但不該是第一個選擇。傾聽內心的感受是很重要的，如此我們才有動力做出改變，進而充實自己的生活。

法蘭克主張，若想爲生命創造價值，每個人都需要找到屬於自己的獨特意義。那麼，要怎樣才能找到可以帶來意義的事物呢？我想起了之前一位墨西哥年輕人寄來的信。

我即將年滿三十三歲。我住在墨西哥的一個小鎮，獨自住在租來的房子裡。我單身，沒有小孩。我在家接案，薪水只夠拿來繳帳單與還債。我的工作很輕鬆，但我討厭它。

過去十年來，我的人生目標就是活著。我一心想著如何才能離開病態的家庭與暴力事件猖獗的社區。我的健康受到了影響。每天都感到絕望。現在，我找到了更多的平靜、空間、健康與獨處的時間，但我仍然覺得綁手綁腳，並且懷疑將來是否還能享受自由自在的感覺。

我一生中沒幹過什麼了不起的大事。我從來沒有出過遠門，沒有車子，也沒有房子。我沒錢讀大學。我沒有朋友，也沒有感情生活。我看書，但都是隨便翻翻而已。我聽音樂，但我對音樂一無所知。我沒有擅長的科目。我什麼事都做不好。

我看到以前的某些同學，他們從來都不是最聰明的，如今卻似乎對簡單的生活感到滿足。其中一些人經營小本生意、育有孩子，但卻沒有遠大的抱負。我想起小時候與祖母住在一起的那兩年，現在的我從來沒有像當時那樣快樂過。在那段日子裡，我感受到安全與被愛，每一天都像冒險般新奇有趣。我希望能夠過得更有活力，感覺生命具有意義。我不希望自己都三十三歲了還一事無成。

從信中敘述看來，這個男人在童年時期有大半時間都習慣承受高度的內在壓力。當壓力來源不再，就會使他感到不安、厭倦與毫無意義。他所經歷的感受並不令人意外，也是很正常的事。當我們放慢腳步細細品味生活時，就會發現一個缺口。這種落差可稱爲存在的虛無，而對許多人來說，這種感覺有點類似恐慌。我們不允許自己感受到存在的虛無所造成的些微不適，於是我們開始滑手機、看電視或打開筆記型電腦，重新埋首工作。但是，與其害怕虛無，我強烈主張倒不如張開雙臂歡迎它。假使我們這麼做，假使我們就只是平靜地面對那種不安，腦袋可能就會浮現一個想法，也許是突然想讀一本書或想做某件事，又或者是想見某個人。

讓自己去感受這種空虛，是非常有幫助的，但不要以立即的滿足感去填補它（長遠來看，這麼做很少能帶來滿足），而給自己機會去思索新的想法、去創造或者鞏固與他人的關係。我想請你從園藝的角度來看待這件事，請你想像自己讓存在的虛無這塊土地保持沒有雜草的狀態，看看會長出什麼作物。將它當作一塊新的土地，你可以種植新作物。如果你播下的種子沒有發芽茁壯，沒關係，再種就是了。在探索自己是誰與需要什麼——這是一項終身任務——的過程中，我們可以盡情嘗試。

每日箴言

存在的虛無感覺有點像是下了一班公車後等待另一班公車的到來，而不知道它會不會來或是將開往何處。不要恐慌；終究會有一班車來到。

我們不必整天忙著解決問題好藉此證明自己的存在有其意義。我們光是存在就夠了。有些人很難把自己的價值看得比成就與行動還要珍貴，假如他們從小被教導這才是最重要的事，尤其會如此。我們可能習慣了在快車道上飛速奔馳，而將靜止不動與停滯不前跟毫無價值畫上了等號。或者，假使沒有腎上腺素的刺激，我們就很難實實在在地感覺自己活著。那些對心跳加速的快感上癮的人，在不冒險時往往覺得索然無味，但是當他們學會去感受呼吸、觸摸、品嘗與嗅聞時，便能逐漸意識到，不必為了證明自己的存在而生活在危險邊緣。假設外婆的愛是我們接受過的唯一一種關愛，或許就會有更多人處於與這個男人的老同學相似的境況，安分守己地做好小本生意，好好過生活，繼續傳遞自己在兒時經歷過的愛。

「在工作與睡眠之間，是屬於我們自己的時間。那麼，我們可以拿它來做什麼？」作家勞里・李（Laurie Lee）在亨佛瑞・詹寧斯（Humphrey Jennings）於一九三九年拍攝的電影《最初的日子》（*Spare Time*）的開頭如此問道。我們可以從事的活動五花八門，譬如收藏維也納酒杯等各種珍品到條列購物清單；學習各種技藝，例如自由式或中國書法；編織、釣魚、登山健行、參演業餘戲劇。我們不斷練習、精益求精。追求進步與學習新知可帶來助益。這讓我們感覺與自己的身體更加協調，與自己的思想更爲交融，與世界更加緊密相連。我認爲，我們從這些喜歡做、但不一定要做的事情中得到的最重要的東西，也許正是目的與意義。生活有了目的與意義，你就比較不容易感到消沉。

自一九三八年起，哈佛大學的縱貫性研究開始追蹤兩百六十八位大學生的健康狀況（其中十九人在我寫作本書的同時還健在），試圖了解生活必須具備哪些要素，才能幫助我們維持健康與獲得滿足。至今，這項研究已對追蹤受試者長達八十五年，並將對象擴及到這些學生的子女。如今共有一千三百位受試者，而其中多數都六、七十歲了。研究人員蒐集了大量的生理與心理健康資料，而從中明顯可見的一個現象是，對人際關係感到滿意與滿足的人遠比其他受試者來得健康。投入社群有助於延年益壽與獲得滿足感。好好照顧身體固然重要，但經營人際關係也是一種同樣重要的自我保健方法。每個人在一生中都會經歷人際關係的失敗。重要的是，不要以此來評斷自己或認爲自己沒用，而是應該習取教訓並再次嘗試。

新聞媒體與廣告商試圖洗腦大眾，讓我們以爲事業成功、累積物質與金錢才是幸福的眞諦。我有時會想，要是廚房有一個完美的中島該有多好……儘管我知道，讓人幸福與否的關鍵不是豪華的現代化廚房，而是一起吃飯的家人。與家人及朋友建立良好的關係並持續增進感情，才是我們需要關心的事。我告訴那位墨西哥的年輕讀者，他需要做的，是找到一個群體，並從中尋得歸屬感。

後記

我要向各位坦承一件事：本書的書名暗藏玄機。是的，這是一本你會希望你愛的每個人都看過的書，因爲人際關係不是光靠一個人就能建立，而是需要兩個人互相連結與爭論。我們無法獨自適應環境，而是必須做好受到所愛——以及討厭——的人影響的準備。另一方面，我們做出改變時會影響他人，而當我們比以往更感到滿足，那些愛我們的人也會跟著如此。我們與自我的關係，會影響我們與他人之間的關係。然而，我們無法控制別人。儘管我們可以帶來影響，而相互影響是成長的要素，但別人終究才是能夠決定他們的選擇與行爲的人。我們唯一能改變的是自己。你才是我希望閱讀本書的人。

雖然我們無法控制生活的所有情況（出生在哪個家庭、情人跟我們分手、家人去世或發生地震等等），但我們永遠都能夠控制與自我之間的關係。這表示我們有能力左右自己對身體的看法，也有能力主導內在對話。我們可以選擇要如何對待他人，也可以選擇當下要做何反應或如何深思與回應。

在書中，我探討了人際關係的重要性及隨之而來的難題。沒有任何一段人際關係總是一帆風順——我不單是指戀愛關係，因爲任何一段眞誠的關係總有一天都會面臨不得不解決的歧異。無論這些關係多麼棘手，對每個人都是不可或缺的。我們需要從別人身上看到自己，並反思他們是如何看待我們，進而建構自我意識。或許，你在翻開本書時對自己不太喜歡的那些人的看法，已隨著你深入思考他們的處世方式而有所改變。有時候，別人令你厭煩又糟糕透頂；有時候，他們只是生活方式與我們不同罷了。如果我們不學習面對歧異，要不就是時時刻刻都在對抗他人，要不就是徹底崩潰而失去自我意識，一味討好他人。改變是不可避免的，因此我希望你讀完本章後，能在面臨改變時有更充足的準備。即使我們不可能一直保持快樂，但如果我們允許自己去感受與控制情緒，就能期盼在人生中獲得一些滿足感。

如今，爲自身感受尋找框架的做法蔚爲風潮，人們會說「我是屬於某某依附類型」或「我的內在童年創傷是什麼什麼」，而這麼做的危險在於，他們預先卸除了自身感受。這些流行語與縮寫成爲了他們自我認知的一部分，進而封阻了探索的可能。人們之所以無法進步，是因爲他們想即刻定義自我，而不是花時間充分認識自己。每個人都處於理解自我、他人與世界的光譜內，倘若你開始替自己設限，可能就做得太過火了。有時診斷是有幫助的，但有時卻會限制自我。你或許已經注意到，在這本書中，我並沒有爲來信的讀者貼標籤，急著診斷他們屬於什麼症狀。而我認爲，你都看到這裡了，也應該避免對自己這麼做。

提高自我意識、做好充分準備去面對生活中的各種難題，並不代表必須將所有時間都花在內省上，而是我們應該對自己的感受與自己對他人的影響負起責任。當然，你首先得戴上氧氣面罩。然而，我們不能因爲需要這麼做，就不去傾聽與理解他人的經驗及觀點。如果內省使你變得更加偏執、妄自批判他人且更加孤立，則這麼做對你或許是有害的。如果自我反省能幫助你建立更好的連結、更有效的溝通、更平靜的生活、更有趣的人生，並且使你感覺與他人更加親近，那麼我希望你能繼續堅持下去。努力讓自己進步很重要。這不是自私或自我放縱的行爲，因爲它能幫助你擺脫所有阻礙你與他人親近的障礙。

每個人都是進行中的作品。我們永遠不會有完工的一天，而參考不同理論、看看自己在任何時候可以運用哪些方式來面對生活，是很有用的。本書提到的一些理論就是如此，其中有些理論讓人獲益良多，它們會告訴你一些你其實一直都明白、卻沒有說出來的事情；有些理論則可能對現在的你而言過於艱深，或者永遠都不適合你，但那也無妨。

我不能保證，看完這本書就能「改變你的生活」，這是我從開章就一直試圖表明的一點。我希望其中一些內容能幫助你，但唯有當你養成習慣，實踐新的行爲與溝通方式，這些內容才能發揮作用。我希望本書能鼓勵你審視自己的信念系統與對生活的回應，幫助你決定自己想保留什麼東西（我預料是大部分的自我），並希望它能帶給你一些想法，讓你知道養成哪些新習慣可能有所助益。就我個人而言，我正在學習接受，以及承認自己的極限。我希望你們也能接受我能力有限的事實。

我在爲《一本你希望父母讀過的書》撰寫後記時，迫切希望傳達一個非常強烈的訊息以造福人類。現在，我只想對你說，原諒自己與他人的錯誤。而如果本書未能涵蓋你最關心的問題，請寄電子郵件給我，我會盡我所能地回覆——可能是在專欄中，也可能是透過另一本書。

致謝

我要感謝許多人。我必須感謝基石出版社（Cornerstone Press）的安娜・阿吉尼奧（Anna Argenio）與維尼西亞・巴特菲爾德（Venetia Butterfield），如果沒有她們，這本書就不可能誕生。我愛這兩位編輯，因爲她們寬宏大量又充滿溫暖，總是直言不諱，而且在我缺乏信心時對我堅信不移，那樣地不厭其煩簡直比聖人還要偉大。我要謝謝經紀人卡洛琳娜・薩頓（Karolina Sutton）幫我談成這麼棒的一個工作，也感謝愛麗絲・盧廷斯（Alice Lutyens）與史蒂芬妮・思韋茨（Stephanie Thwaites）一路堅持到底。

我要謝謝親愛的女兒，她一直是我的忠實讀者，總是幫我加油打氣；以及另一位早期讀者茱莉安・阿佩爾・奧珀（Julianne Appel Opper），她是我在心理治療界的好同事，而我也將她慷慨分享的一些想法寫進了書中。感謝詹姆斯・阿爾布雷希特（James Albrecht）與亞歷克斯・費恩（Alex Fane）爲我規劃了宛如搖滾明星般的巡迴簽書會。謝謝珍・蕭（Jane Shaw）教授與克萊兒・麥克唐納（Claire McDonald）博士說服牛津大學（Oxford University）副校長邀請我擔任「傲慢之罪」布道的主講人，其中部分內容也收錄在書中。謝謝我的好友娜塔莉・海恩斯（Natalie Haynes），是她建議本書書名稱應該取作《一本你希望……的書》，而不是《但願……的書》。我想感謝的人還有：尤蘭達・瓦茲奎茲（Yolanda Vazquez）、強尼・菲利浦斯（Jonny Phillips）、艾莉德・布魯克（Eilidh Brooker）、理查・安塞特（Richard Ansett）、珍奈特・李（Janet Lee）、蘇珊・摩爾（Suzanne Moore）、蘿娜・葛拉登（Lorna Gradden）、理查・科爾斯（Richard Coles）、海倫・巴格諾爾（Helen Bagnall），以及所有好友們，你們的愛與鼓勵對我意義非凡。

在此對《觀察家報》（*The Observer*）的同事們哈莉特・格林（Harriet Green）、史蒂夫・錢伯林（Steve Chamberlin）及馬丁・洛夫（Martin Love）致上感激之意，他們每個星期都精心編校我的稿子，讓我的文章盡善盡美。另外也謝謝所有那些勇敢來信傾訴個人問題的可愛讀者們，你們的問題大大幫助了我思考人生以及如何經營生活。

最後，我必須感謝我最最親愛的丈夫葛瑞森（Grayson），謝謝他給予我源源不絕的愛與支持。

菲莉帕・派瑞，二〇二三年五月十五日

一本你希望所愛*之人讀過的書*（或許還有所厭）

The Book You Want Everyone You Love* To Read*(and maybe a few you don't)

作者　菲莉帕．派瑞 Philippa Perry
譯者　張馨方

副社長　陳瀅如
總編輯　戴偉傑
主編　李佩璇
編輯　邱子秦
行銷企劃　陳雅雯、張詠晶

內文排版　張家榕
封面設計　謝捲子

出版　木馬文化事業股份有限公司
發行　遠足文化事業股份有限公司（讀書共和國出版集團）
地址　231 新北市新店區民權路 108-4 號 8 樓
電話　(02)2218-1417
傳真　(02)2218-0727
Email　service@bookrep.com.tw
郵撥帳號　19588272 木馬文化事業股份有限公司
客服專線　0800-221-029

法律顧問　華洋法律事務所　蘇文生律師
印刷　漾格科技股份有限公司

初版　2024 年 7 月
定價　390 元
ISBN　978-626-314-700-3
978-626-314-697-6（EPUB）
978-626-314-696-9（PDF）

一本你希望所愛*之人讀過的書*（或許還有所厭）/ 菲莉帕 · 派瑞（Philippa Perry）作；
張馨方譯 . -- 初版 . -- 新北市：木馬文化事業股份有限公司出版：
遠足文化事業股份有限公司發行 , 2024.07
232 面 ; 14.8×21 公分
譯自 : The book you want everyone you love* to read *(and maybe a few you don't)
ISBN 978-626-314-700-3（平裝）

1. 心理治療 2. 人際衝突 3. 人際關係

178.8　　　　113007800